Marcel Schwob

Vies imaginaires

Préface

La science historique nous laisse dans l'incertitude sur les individus. Elle ne nous révèle que les points par où ils furent attachés aux actions générales. Elle nous dit que Napoléon était souffrant le jour de Waterloo, qu'il faut attribuer l'excessive activité intellectuelle de Newton à la continence absolue de son tempérament, qu'Alexandre était ivre lorsqu'il tua Klitos et que la fistule de Louis XIV put être la cause de certaines de ses résolutions. Pascal raisonne sur le nez de Cléopâtre, s'il eût été plus court, ou sur un grain de sable dans l'urèthre de Cromwell. Tous ces faits individuels n'ont de valeur que parce qu'ils ont modifié les évènements ou qu'ils auraient pu en dévier la série. Ce sont des causes réelles ou possibles. Il faut les laisser aux savants.

L'art est à l'opposé des idées générales, ne décrit que l'individuel, ne désire que l'unique. Il ne classe pas ; il déclasse. Pour autant que cela nous occupe, nos idées générales peuvent être semblables à celles qui ont cours dans la planète Mars et trois lignes qui se coupent forment un triangle sur tous les points de l'univers. Mais regardez une feuille d'arbre, avec ses nervures capricieuses, ses teintes variées par l'ombre et le soleil, le gonflement qu'y a soulevé la chute d'une goutte de pluie, la piqûre qu'y a laissée un insecte, la trace argentée du polit escargot, la première dorure mortelle qu'y marque l'automne ; cherchez une feuille exactement semblable dans toutes les grandes forêts de la terre : je vous mets au défi. Il n'y a pas de science du tégument d'une foliole, des filaments d'une cellule, de la courbure d'une veine, de la manie d'une habitude, des crochets d'un caractère. Que tel homme ait eu le nez tordu, un œil plus haut que l'autre, l'articulation du bras noueuse ; qu'il ait eu coutume de manger à telle heure un blanc de poulet, qu'il ait préféré le Malvoisie au Château-Margaux, voilà qui est sans parallèle dans le monde. Aussi bien que Socrate Thalès aurait pu dire ΓΝΩΘΙ ΣΕΑΥΤΟΝ ; mais il ne se serait pas frotté la jambe dans la prison de la même manière, avant de boire la ciguë. Les idées clos grands hommes sont le patrimoine commun de l'humanité : chacun d'eux ne posséda réellement que ses bizarreries. Le livre qui décrirait

1

un homme en toutes ses anomalies serait une œuvre d'art comme une estampe japonaise où on voit éternellement l'image d'une petite chenille aperçue une fois à une heure particulière du jour.

Les histoires restent muettes sur ces choses. Dans la rude collection de matériaux que fournissent les témoignages, il n'y a pas beaucoup de brisures singulières et inimitables. Les biographes anciens surtout sont avares. N'estimant guère que la vie publique ou la grammaire, ils nous transmirent sur les grands hommes leurs discours et les titres de leurs livres. C'est Aristophane lui-même qui nous a donné la joie de savoir qu'il était chauve, et si le nez camard de Socrate n'eût servi à des comparaisons littéraires, si son habitude de marcher les pieds déchaussés n'eût fait partie de son système philosophique de mépris pour le corps, nous n'aurions conservé de lui que ses interrogatoires de morale. Les commérages de Suétone ne sont que des polémiques haineuses. Le bon génie de Plutarque fit parfois de lui un artiste ; mais il ne sut pas comprendre l'essence de son art, puisqu'il imagina des « parallèles. » – comme si deux hommes proprement décrits en tous leurs détails pouvaient se ressembler ! On est réduit à consulter Athénée, Aulu-Gelle, des scoliastes, et Diogène Laërce qui crut avoir composé une espèce d'histoire de la philosophie.

Le sentiment de l'individuel s'est développé davantage dans les temps modernes. L'œuvre de Boswell serait parfaite s'il n'avait jugé nécessaire d'y citer la correspondance de Johnson et des digressions sur ses livres. Les « Vies des personnes éminentes » par Aubrey sont plus satisfaisantes. Aubrey eut, sans aucun doute, l'instinct de la biographie. Comme il est fâcheux que le style de cet excellent antiquaire ne soit pas à la hauteur de sa conception ! Son livre eût été la récréation éternelle des esprits avisés. Aubrey n'éprouva jamais le besoin d'établir un rapport entre des détails individuels et des idées générales. Il lui suffisait que d'autres eussent marqué pour la célébrité les hommes auxquels il prenait intérêt. On ne sait point la plupart du temps s'il s'agit d'un mathématicien, d'un homme d'État, d'un poète, ou d'un horloger. Mais chacun d'eux a son trait unique, qui le différencie pour jamais parmi les hommes.

Le peintre Hokusaï espérait parvenir, lorsqu'il aurait cent dix ans, à l'idéal de son art. À ce moment, disait-il, tout point, toute ligne tracés par son pinceau seraient vivants. Par vivants, entendez individuels.

Rien de plus semblable que des points et des lignes : la géométrie se fonde sur ce postulat. L'art parfait de Hokusaï exigeait que rien ne fût plus différent. Ainsi l'idéal du biographe serait de différencier infiniment l'aspect de deux philosophes qui ont inventé à peu près la même métaphysique. Voilà pourquoi Aubrey, qui s'attache uniquement aux hommes, n'atteint pas la perfection, puisqu'il n'a pas su accomplir la miraculeuse transformation qu'espérait Hokusaï de la ressemblance en la diversité. Mais Aubrey n'était pas parvenu à l'âge de cent dix ans. Il est fort estimable néanmoins, et il se rendait compte de la portée de son livre. « Je me souviens, dit-il, dans sa préface à Anthony Wood, d'un mot du général Lambert – *that the best of men are but men at the best* – ce dont vous trouverez divers exemples dans cette rude et hâtive collection. Aussi ces arcanes ne devront-ils être exposés au jour que dans environ trente ans. Il convient en effet que l'auteur et les personnages (semblables à des nèfles) soient pourris auparavant. »

On pourrait découvrir chez les prédécesseurs d'Aubrey quelques rudiments de son art. Ainsi Diogène Laërce nous apprend qu'Aristote portait sur l'estomac une bourse de cuir pleine d'huile chaude, et qu'on trouva dans sa maison, après sa mort, quantité de vases de terre. Nous ne saurons jamais ce qu'Aristote faisait de toutes ces poteries. Et le mystère en est aussi agréable que les conjectures auxquelles Boswell nous abandonne sur l'usage que faisait Johnson des pelures sèches d'orange qu'il avait coutume de conserver dans ses poches. Ici Diogène Laërce se hausse presque au sublime de l'inimitable Boswell. Mais ce sont là de rares plaisirs. Tandis qu'Aubrey nous en donne à chaque ligne. Milton, nous dit-il, « prononçait la lettre R très dure. » Spenser « était un petit homme, portait les cheveux courts, une petite collerette, et des petites manchettes. » Barclay « vivait en Angleterre à quelque époque *tempore R. Jacobi.* C'était alors un homme vieux, à barbe blanche, et il portait un chapeau à plume, ce qui scandalisait quelques personnes sévères. » Érasme « n'aimait pas le poisson, quoique né dans une ville poissonnière. » Pour Bacon, « aucun de ses serviteurs n'osait apparaître devant lui sans bottes en cuir d'Espagne ; car il sentait aussitôt l'odeur du cuir de veau, qui lui était désagréable. » Le docteur Fuller « avait la tête si fort en travail que, se promenant et méditant avant dîner, il mangeait un pain de deux sous sans s'en apercevoir. » Sur Sir William Davenant il fait cette remarque : « J'étais

3

à son enterrement ; il avait un cercueil de noyer. Sr. John Denham assura que c'était le plus beau cercueil qu'il eût jamais vu.» Il écrit à propos de Ben Johnson : « J'ai entendu dire à M. Lacy, l'acteur, qu'il avait coutume de porter un manteau pareil à un manteau de cocher, avec des fentes sous les aisselles.» Voici ce qui le frappe chez William Prinne : « Sa manière de travailler était telle. Il mettait un long bonnet piqué qui lui tombait d'au moins deux ou trois pouces sur les yeux et qui lui servait d'abat-jour pour protéger ses yeux de la lumière, et toutes les trois heures environ, son domestique devait lui apporter un pain et un pot d'ale pour lui refociller ses esprits ; de sorte qu'il travaillait, buvait, et mâchonnait son pain, et ceci l'entretenait jusqu'à la nuit où il faisait un bon souper.» Hobbes « devint très chauve dans sa vieillesse ; pourtant, dans sa maison, il avait coutume d'étudier nu-tête, et disait qu'il ne prenait jamais froid mais que son plus grand ennui était d'empêcher les mouches de venir se poser sur sa calvitie.» Il ne nous dit rien de l'*Oceana* de John Harrington mais nous raconte que l'auteur « A⁰ Dⁿⁱ 1660, fut envoyé prisonnier à la Tour, où on le garda, puis à Portsey Castle. Son séjour dans ces prisons (étant un gentilhomme de haut esprit et de tête chaude) fut la cause procatarctique de son délire ou de sa folie qui ne fut pas furieuse – car il causait assez raisonnablement et il était de société fort plaisante ; mais il lui vint la fantaisie que sa sueur se changeait en mouches et parfois en abeilles, *ad cetera sobrius* ; et il fit construire une maisonnette versatile en planches dans le jardin de M. Hart (en face St. James's Park) pour en faire l'expérience. Il la tournait au soleil et s'asseyait en face ; puis il faisait apporter ses queues de renard pour chasser et massacrer toutes les mouches et abeilles qu'on y découvrirait ; ensuite il fermait les châssis. Or il ne faisait cette expérience que dans la saison chaude, de façon que quelques mouches se dissimulaient dans les fentes et dans les plis des draperies. Au bout d'un quart d'heure peut-être, la chaleur faisait sortir de leur trou une mouche, ou deux, ou davantage. Alors il s'écriait : « Ne voyez-vous pas clairement qu'elles sortent de moi ? »

Voici tout ce qu'il nous dit de Meriton. « Son vrai nom était Head. M. Bovey le connaissait bien. Né en… Était libraire dans Little Britain. Il avait été parmi les bohémiens. Il avait l'air d'un coquin avec ses yeux goguelus. Il pouvait se changer en n'importe quelle forme. Fit banqueroute deux ou trois fois. Fut enfin libraire, ou vers sa fin. Il gagnait sa vie avec ses griffonnages. Il était payé 20 sh. la feuille. Il écrivit plusieurs livres : *The English Rogue, The Art of Wheadling*, etc. Il fut noyé en allant à Plymouth par la pleine mer vers 1676, étant âgé d'environ 50 ans. »

Enfin il faut citer sa biographie de Descartes :

M^{eur} RENATUS DES CARTES.

« Nobilis Gallus, Perroni Dominus, summus Mathematicus et Philosophus, natus Turonum, pridie Calendas Apriles 1596. Denatus Holmiæ, Calendis Februarii, 1650 (Je trouve cette inscription sous son portrait par C.V. Dalen). Comment il passa son temps en sa jeunesse et par quelle méthode il devint si savant, il le raconte au monde en son traité intitulé *De la Méthode*. La Société de Jésus se glorifie que l'ordre ait eu l'honneur de son éducation. Il vécut plusieurs années à Egmont (près la Haye) d'où il data plusieurs de ses livres. C'était un homme trop sage pour s'encombrer d'une femme ; mais, étant homme, il avait les désirs et appétits d'un homme ; il entretenait donc une belle femme de bonne condition qu'il aimait, et dont il eut quelques enfants (je crois deux ou trois). Il serait fort surprenant qu'issus des reins d'un tel père ils n'eussent point reçu une belle éducation. Il était si éminemment savant que tous les savants lui rendaient visite et beaucoup d'entre eux le priaient de leur montrer ses... d'instruments (à cette époque la science mathématique était fortement liée à la connaissance des instruments, et ainsi que le disait Sr. H.S.à la pratique des tours). Alors il tirait un petit tiroir sous la table et leur montrait un compas dont l'une des branches était cassée ; et puis, pour règle, il se servait d'une feuille de papier pliée en double. »

Il est clair qu'Aubrey a eu la conscience parfaite de son travail. Ne croyez pas qu'il ait méconnu la valeur des idées philosophiques de Descartes ou de Hobbes. Ce n'est pas là ce qui l'intéressait. Il nous dit fort bien que Descartes lui-même a exposé sa méthode au monde. Il n'ignore pas que Harvey découvrit la circulation du sang ; mais il préfère noter que ce grand homme passait ses insomnies à se promener en chemise, qu'il avait une mauvaise écriture, et que les plus célèbres médecins de Londres n'auraient pas donné six sous d'une de ses ordonnances. Il est sûr de nous avoir éclairé sur Francis Bacon, lorsqu'il nous a expliqué qu'il avait l'œil vif et délicat, couleur noisette, et pareil à l'œil d'une vipère. Mais ce n'est pas un aussi grand artiste que Holbein. Il ne sait pas fixer pour l'éternité un individu par ses traits spéciaux sur un fond de ressemblance avec l'idéal. Il donne la vie à un œil, au nez, à la jambe, à la moue de ses modèles : il ne sait pas animer la figure. Le vieil Hokusaï voyait bien qu'il fallait parvenir à rendre individuel ce qu'il y a de plus général. Aubrey n'a pas eu la même pénétration. Si le livre de Boswell tenait en dix pages, ce serait l'œuvre d'art attendue. Le bon sens du docteur Johnson se compose des lieux communs les plus vulgaires ; exprimé avec la violence bizarre que Boswell a su peindre, il a une qualité unique dans ce monde. Seulement ce catalogue pesant ressemble aux dictionnaires mêmes du docteur : on pourrait en tirer une *Scientia Johnsoniana*, avec un index. Boswell n'a pas eu le courage esthétique de choisir.

L'art du biographe consiste justement dans le choix. Il n'a pas à se préoccuper d'être vrai ; il doit créer dans un chaos de traits humains. Leibnitz dit que pour faire le monde Dieu a choisi le meilleur parmi les possibles. Le biographe, comme une divinité inférieure, sait choisir parmi les possibles humains, celui qui est unique. Il ne doit pas plus se tromper sur l'art que Dieu ne s'est trompé sur la bonté. Il est nécessaire que leur instinct à tous deux soit infaillible. De patients démiurges ont assemblé pour le biographe des idées, des mouvements de physionomie, des évènements. Leur œuvre se trouve dans les chroniques, les mémoires, les correspondances et les scolies. Au milieu de cette grossière réunion le biographe trie de quoi composer une forme qui ne ressemble à aucune autre. Il n'est pas utile qu'elle soit pareille à celle qui fut créée jadis par un dieu supérieur, pourvu qu'elle soit unique, comme toute autre création.

Les biographes ont malheureusement cru d'ordinaire qu'ils étaient historiens. Et ils nous ont privés ainsi de portraits admirables. Ils ont supposé que seule la vie des grands hommes pouvait nous intéresser. L'art est étranger à ces considérations. Aux yeux du peintre le portrait d'un homme inconnu par Cranach a autant de valeur que le portrait d'Érasme. Ce n'est pas grâce au nom d'Érasme que ce tableau est inimitable. L'art du biographe serait de donner autant de prix à la vie d'un pauvre acteur qu'à la vie de Shakespeare. C'est un bas instinct qui nous fait remarquer avec plaisir le raccourcissement du sterno-mastoïdien dans le buste d'Alexandre, ou la mèche au front dans le portrait de Napoléon. Le sourire de Monna Lisa, dont nous ne savons rien (c'est peut-être un visage d'homme) est plus mystérieux. Une grimace dessinée par Hokusaï entraîne à de plus profondes méditations. Si l'on tentait l'art où excellèrent Boswell et Aubrey, il ne faudrait sans doute point décrire minutieusement le plus grand homme de son temps, ou noter la caractéristique des plus célèbres dans le passé, mais raconter avec le même souci les existences *uniques* des hommes, qu'ils aient été divins, médiocres, ou criminels.

Empédocle

DIEU SUPPOSÉ

Personne ne sait quelle fut sa naissance, ni comment il vint sur terre. Il apparut près des rives dorées du fleuve Acragas, dans la belle cité d'Agrigente, un peu après le temps où Xerxès fit frapper la mer de chaînes. La tradition rapporte seulement que son aïeul se nommait Empédocle : aucun ne le connut. Sans doute, il faut entendre par là qu'il était fils de lui-même, ainsi qu'il convient à un Dieu. Mais ses disciples assurent qu'avant de parcourir dans sa gloire les campagnes de Sicile, il avait déjà passé quatre existences dans notre monde, et qu'il avait été plante, poisson, oiseau et jeune fille. Il portait un manteau de pourpre sur lequel retombaient ses longs cheveux ; il avait autour de la tête une bande d'or, aux pieds des sandales d'airain, et il tenait des guirlandes tressées de laine et de lauriers.

Par l'imposition de ses mains il guérissait les malades et récitait des vers, à la façon homérique, avec des accents pompeux, monté sur un char, et la tête levée vers le ciel. Une grande troupe de peuple le suivait et se prosternait devant lui pour écouter ses poèmes. Sous le ciel pur qui éclaire les blés, les hommes venaient de toutes parts vers Empédocle, leurs bras chargés d'offrandes. Il les tenait béants en leur chantant la voûte divine, faite de cristal, la masse de feu que nous nommons soleil, et l'amour, qui contient tout, semblable à une vaste sphère.

Tous les êtres, disait-il, ne sont que des morceaux disjoints de cette sphère d'amour où s'insinua la haine. Et ce que nous appelons amour, c'est le désir de nous unir et de nous fondre et de nous confondre, ainsi que nous étions jadis, au sein du dieu globulaire que la discorde a rompu. Il invoquait le jour où la sphère divine se gonflerait, après toutes les transformations des âmes. Car le monde que nous connaissons est l'œuvre de la haine, et sa dissolution sera l'œuvre de l'amour. Ainsi il chantait par les villes et par les champs ; et ses sandales d'airain venues de Laconie tintaient à ses pieds, et devant lui sonnaient des cymbales. Cependant de la gueule de l'Etna jaillissait une colonne de fumée noire qui jetait son ombre sur la Sicile.

Semblable à un roi du ciel, Empédocle était roulé dans la pourpre et ceint d'or, tandis que les pythagoriciens se traînaient dans leurs minces tuniques de lin, avec des chaussures faites de papyros. On disait qu'il savait faire disparaître la chassie, dissoudre les tumeurs, et tirer les douleurs des membres ; on le suppliait de faire cesser les pluies et les ouragans ; il conjura les tempêtes sur un cercle de collines ; à Sélinonte, il chassa la fièvre en faisant déverser deux fleuves dans le lit d'un troisième ; et les habitants de Sélinonte l'adorèrent et lui élevèrent un temple, et frappèrent des médailles où son image était placée face à face de l'image d'Apollon.

D'autres prétendent qu'il fut divinateur et instruit par les magiciens de Perse, qu'il possédait la nécromancie et la science des herbes qui rendent fou. Un jour où il dînait chez Anchitos, un homme furieux se rua dans la salle, le glaive levé. Empédocle se dressa, tendit le bras, et chanta les vers d'Homère sur le népenthès qui donne l'insensibilité. Et aussitôt la force du népenthès saisit le furieux, et il demeura fixe, le glaive en l'air, ayant tout oublié, comme s'il eût bu le doux poison mêlé dans le vin mousseux d'un cratère.

Les malades venaient à lui hors des cités et il était entouré d'une foule de misérables. Des femmes se mêlèrent à sa suite. Elles baisaient les pans de son manteau précieux. Une se nommait Panthea, fille d'un noble d'Agrigente. Elle devait être consacrée à Artemis, mais elle s'enfuit loin de la froide statue de la déesse et voua sa virginité à Empédocle. On ne vit point leurs marques d'amour, car Empédocle préservait une insensibilité divine. Il ne proférait de paroles que dans le mètre épique, et en dialecte d'Ionie, quoique le peuple et ses fidèles ne se servissent que du dorien. Tous ses gestes étaient sacrés. Quand il s'approchait des hommes, c'était pour les bénir ou les guérir. La plupart du temps, il demeurait silencieux. Aucun de ceux qui le suivaient ne put jamais le surprendre pendant son sommeil. On ne l'aperçut que majestueux.

Panthea était vêtue de fine laine et d'or. Ses cheveux étaient disposés à la riche mode d'Agrigente, où la vie coulait mollement. Elle avait les seins soutenus par une strophe rouge, et la semelle de ses sandales était parfumée. Pour le reste, elle était belle et longue de corps, et de couleur très désirable. Il est impossible d'assurer qu'Empédocle l'aimât mais il eut pitié d'elle. En effet, le souffle asiatique engendra

9

la peste dans les champs siciliens. Beaucoup d'hommes furent touchés par les doigts noirs du fléau. Même les cadavres des bêtes jonchaient le bord des prairies et on voyait çà et là des brebis pelées, mortes la gueule ouverte vers le ciel, avec leurs côtes saillantes. Et Panthea devint languissante de cette maladie. Elle tomba aux pieds d'Empédocle et elle ne respirait plus. Ceux qui l'entouraient soulevèrent ses membres raidis et les baignèrent de vin et d'aromates. Ils délièrent la strophe rouge qui serrait ses jeunes seins, et la roulèrent dans des bandelettes. Et sa bouche entrouverte était retenue par un lien et ses yeux creux ne miraient plus la lumière.

Empédocle la regarda, détacha le cercle d'or qui lui ceignait le front, et le lui imposa. Il plaça sur ses seins la guirlande de laurier prophétique, chanta des vers inconnus sur la migration des âmes, et lui ordonna par trois fois de se lever et de marcher. La foule était pleine de terreur. Au troisième appel, Panthea sortit du royaume des ombres, et son corps s'anima et se dressa sur ses pieds, tout emmailloté dans les bandes funéraires. Et le peuple vit qu'Empédocle était évocateur des morts.

Pysianacte, père de Panthea, vint adorer le nouveau dieu. Des tables furent étendues sous les arbres de sa campagne, afin de lui offrir des libations. Aux côtés d'Empédocle, des esclaves soutenaient de grandes torches. Les hérauts proclamèrent, ainsi qu'aux mystères, le silence solennel. Soudain, à la troisième veille, les torches s'éteignirent et la nuit enveloppa les adorateurs. Il y eut une voix forte qui appela : « Empédocle ! » Quand la lumière se fit, Empédocle avait disparu. Les hommes ne le revirent plus.

Un esclave épouvanté raconta qu'il avait vu un trait rouge qui sillonnait les ténèbres vers le sommet de l'Etna. Les fidèles gravirent les pentes stériles de la montagne à la lueur morne de l'aube. Le cratère du volcan vomissait une gerbe de flammes. On trouva, sur la margelle poreuse de lave qui encercle l'abîme ardent, une sandale d'airain travaillée par le feu.

Erostrate

INCENDIAIRE

La ville d'Éphèse, où naquit Herostratos, s'allongeait à l'embouchure du Caystre, avec ses deux ports fluviaux, jusqu'aux quais du Panorme, d'où on voyait sur la mer profondément teinte la ligne brumeuse de Samos. Elle regorgeait d'or et de tissus, de laines et de roses, depuis que les Magnésiens, leurs chiens de guerre et leurs esclaves qui lançaient des javelots, avaient été vaincus sur les bords du Méandre, depuis que la magnifique Milet avait été ruinée par les Persans. C'était une cité molle, où on fêtait les courtisanes dans le temple d'Aphrodite Hétaïre. Les Ephésiens portaient des tuniques amorgines, transparentes, des robes de lin filé au rouet couleur de violette, de pourpre et de crocos, des sarapides couleur de pomme jaune et blanches et roses, des étoffes d'Égypte couleur d'hyacinthe, avec les flamboiements du feu et les nuances mobiles de la mer, et des calasiris de Perse, à tissu serré, léger, toutes parsemées sur leur fond écarlate de grains d'or façonnés en coupelles.

Entre la montagne de Prion et une haute falaise escarpée, on apercevait, sur le bord du Caystre, le grand temple d'Artemis. Il avait fallu cent vingt ans pour le bâtir. Des peintures roides ornaient ses chambres intérieures, dont le plafond était d'ébène et de cyprès. Les lourdes colonnes, qui le soutenaient, avaient été barbouillées de minium. La salle de la déesse était petite et ovale. Au milieu, se dressait une pierre noire prodigieuse, conique et luisante, marquée de dorures lunaires, qui n'était autre qu'Artemis. L'autel triangulaire était aussi taillé dans une pierre noire. D'autres tables, faites de dalles noires, étaient percées de trous réguliers pour laisser couler le sang des victimes. Aux parois pendaient de larges lames d'acier, emmanchées d'or, qui servaient à ouvrir les gorges, et le parquet poli était jonché de bandelettes sanglantes. La grande pierre sombre avait deux mamelles dures et pointues. Telle était l'Artemis d'Éphèse. Sa divinité se perdait dans la nuit des tombes égyptiennes, et il fallait l'adorer selon les rites persans. Elle possédait un trésor enfermé dans une espèce de

11

ruche peinte en vert, dont la porte pyramidale était hérissée de clous d'airain. Là, parmi les anneaux, les grandes monnaies et les rubis, gisait le manuscrit d'Héraclite, qui avait proclamé le règne du feu. Le philosophe l'y avait déposé lui-même à la base de la pyramide, tandis qu'on la construisait.

La mère d'Herostratos était violente et orgueilleuse. On ne sut point quel était son père. Herostratos déclara plus tard qu'il était fils du feu. Son corps était marqué, sous le sein gauche, d'un croissant, qui parut s'enflammer lorsqu'on le tortura. Celles qui assistèrent sa naissance prédirent qu'il était assujetti à Artemis. Il fut colère et demeura vierge. Son visage était corrodé par des lignes obscures et la teinte de sa peau était noirâtre. Dès son enfance, il aima se tenir sous la haute falaise, près de l'Artemision. Il regardait passer les processions d'offrandes. À cause de l'ignorance où on était de sa race, il ne put devenir prêtre de la déesse à laquelle il se croyait voué. Le collège sacerdotal dut lui interdire plusieurs fois l'entrée du naos, où il espérait écarter le tissu précieux et pesant qui voilait Artemis. Il en conçut de la haine et jura de violer le secret.

Le nom d'Herostratos lui semblait à nul autre comparable ainsi que sa propre personne lui apparaissait supérieure à toute l'humanité. Il désirait la gloire. D'abord il s'attacha aux philosophes qui enseignaient la doctrine d'Héraclite : mais ils n'en connaissaient point la partie secrète, puisqu'elle était enclose dans la petite cellule pyramidale du trésor d'Artemis. Herostratos conjectura seulement l'opinion du maître. Il s'endurcit au mépris des richesses qui l'entouraient. Son dégoût pour l'amour des courtisanes était extrême. On crut qu'il réservait sa virginité pour la déesse. Mais Artemis n'eut point pitié de lui. Il parut dangereux au collège de la Gerousia, qui surveillait le temple. Le satrape permit qu'on l'exilât dans les faubourgs. Il vécut au flanc du Koressos, dans un caveau creusé par les anciens. De là il guettait, la nuit, les lampes sacrées de l'Artemision. Quelques-uns supposent que des Persans initiés vinrent s'y entretenir avec lui. Mais il est plus probable que son destin lui fut révélé d'un coup.

En effet il avoua dans la torture qu'il avait compris soudain le sens du mot d'Héraclite, *la route d'en haut*, et pourquoi le philosophe avait enseigné que l'âme la meilleure est la plus sèche et la plus enflammée. Il attesta que son âme, en ce sens, était la plus parfaite, et qu'il avait voulu le proclamer. Il ne donna point d'autre cause à son action que la passion de la gloire et la joie d'entendre proférer son nom. Il dit que seul son règne aurait été absolu, puisqu'on ne lui connaissait point de père et qu'Herostratos aurait été couronné par Herostratos, qu'il était fils de son œuvre, et que son œuvre était l'essence du monde : qu'ainsi il aurait été tout ensemble roi, philosophe et dieu, unique entre les hommes.

L'an 356, dans la nuit du 21 juillet, la lune n'étant pas montée au ciel, et le désir d'Herostratos ayant acquis une force inusitée, il résolut de violer la chambre secrète d'Artemis. Il se glissa donc par le lacet de la montagne jusqu'à la rive du Caystre et gravit les degrés du temple. Les gardes des prêtres dormaient auprès des lampes saintes. Herostratos en saisit une et pénétra dans le naos.

Une forte odeur d'huile de nard s'y exhalait. Les arêtes noires du plafond d'ébène étaient éclatantes. L'ovale de la chambre était partagé au rideau tissu de fils d'or et de pourpre qui cachait la déesse. Herostratos, haletant de volupté, l'arracha. Sa lampe éclaira le cône terrible aux mamelles droites. Herostratos les saisit des deux mains et embrassa avidement la pierre divine. Puis il en fit le tour, et aperçut la pyramide verte où était le trésor. Il saisit les clous d'airain de la petite porte, et la descella. Il plongea ses doigts parmi les joyaux vierges. Mais il n'y prit que le rouleau de papyrus où Héraclite avait inscrit ses vers. À la lueur de la lampe sacrée il les lut et connut tout.

Aussitôt il s'écria : « Le feu, le feu ! »

Il attira le rideau d'Artemis et approcha la mèche allumée du pan inférieur. L'étoffe brûla d'abord lentement ; puis, à cause des vapeurs d'huile parfumée dont elle était imprégnée, la flamme monta, bleuâtre, vers les lambris d'ébène. Le terrible cône refléta l'incendie.

Le feu s'enroula aux chapiteaux des colonnes, rampa le long des voûtes. Une à une, les plaques d'or vouées à la puissante Artemis tombèrent des suspensions sur les dalles avec un retentissement de métal. Puis la gerbe fulgurante éclata sur le toit et illumina la falaise. Les tuiles d'airain s'affaissèrent. Herostratos se dressait dans la lueur, clamant son nom parmi la nuit.

Tout l'Artemision lut un monceau rouge au centre des ténèbres. Les gardes saisirent le criminel. On le bâillonna pour qu'il cessât de crier son propre nom. Il fut jeté dans les sous-sols, lié, durant l'incendie.

Artaxerxès, sur l'heure, envoya l'ordre de le torturer. Il ne voulut avouer que ce qui a été dit. Les douze cités d'Ionie défendirent, sous peine de mort, de livrer le nom d'Herostratos aux âges futurs. Mais le murmure l'a fait venir jusqu'à nous. La nuit où Herostratos embrasa le temple d'Éphèse, vint au monde Alexandre, roi de Macédoine.

Cratès

CYNIQUE

Il naquit à Thèbes, fut disciple de Diogène, et connut aussi Alexandre. Son père, Ascondas, était riche et lui laissa deux cents talents. Un jour qu'il était allé voir une tragédie d'Euripide, il se sentit inspiré à l'apparition de Télèphe, roi de Mysie, vêtu avec des haillons de mendiant et tenant une corbeille à la main. Il se leva dans le théâtre et annonça d'une voix forte qu'il distribuerait à qui les voudrait les deux cents talents de son héritage, et que désormais les vêtements de Télèphe lui suffiraient. Les Thébains se mirent à rire et s'attroupèrent devant sa maison ; cependant il riait plus qu'eux. Il leur jeta son argent et ses meubles par les fenêtres, prit un manteau de toile et une besace, puis s'en alla.

Arrivé dans Athènes, il erra dans les rues, se reposant le dos contre les murailles, parmi les excréments. Il mit en pratique tout ce que conseillait Diogène. Son tonneau lui sembla superflu. À l'avis de Cratès, l'homme n'était point un escargot ni un bernard l'ermite. Il demeura tout nu dans l'ordure, et ramassa les croûtes de pain, les olives pourries et les arêtes de poisson sec pour remplir sa besace. Il disait que cette besace était une ville large et opulente où on ne trouvait ni parasites ni courtisanes, et qui produisait suffisamment pour son roi du thym, de l'ail, des figues et du pain. Ainsi Cratès portait sa patrie sur son dos et s'en nourrissait.

Il ne se mêlait pas des affaires publiques, même pour les railler, et n'affectait pas d'insulter les rois. Il n'approuva point ce trait de Diogène qui, ayant crié un jour : « Hommes, approchez ! » frappa de son bâton ceux qui étaient venus et leur dit : « J'ai appelé des hommes, et non pas des excréments. » Cratès fut tendre pour les hommes. Il ne se souciait de rien. Les plaies lui étaient familières. Son grand regret était de n'avoir point le corps assez souple pour parvenir à les lécher, comme font les chiens. Il déplorait aussi la nécessité de se servir d'aliments solides et de boire de l'eau. Il pensait que l'homme devait se suffire à lui-même, sans aucune aide extérieure. Au moins, il n'allait pas chercher d'eau pour se laver. Il se contentait de se frotter le corps aux murailles si la crasse l'incommodait, ayant remarqué que les ânes n'agissent point autrement. Il parlait rarement des dieux, et ne s'en inquiétait pas : peu lui importait qu'il y en eût ou non, et il savait bien qu'ils ne pourraient rien lui faire. D'ailleurs, il leur reprochait d'avoir rendu les hommes malheureux à dessein, en leur tournant le visage vers le ciel et en les privant de la faculté qu'ont la plupart des animaux, qui marchent à quatre pattes. Puisque les dieux ont décidé qu'il faut manger pour vivre, pensait Cratès, ils devaient tourner le visage des hommes vers la terre, où croissent les racines : on ne saurait se repaître d'air ou d'étoiles.

La vie ne lui fut point généreuse. Il eut la chassie, à force d'exposer ses yeux à l'âcre poussière de l'Attique. Une maladie de peau inconnue le couvrit de tumeurs. Il se gratta de ses ongles qu'il ne rognait jamais et observa qu'il en tirait double profit, puisqu'il les usait en même temps qu'il éprouvait du soulagement. Ses longs cheveux devinrent semblables à du feutre épais, et il les disposa sur sa tête pour se protéger de la pluie et du soleil.

Quand Alexandre vint le voir, il ne lui adressa point de paroles piquantes, mais le considéra parmi les autres spectateurs sans faire aucune différence entre le roi et la foule. Cratès n'avait point d'opinion sur les grands. Ils lui importaient aussi peu que les dieux. Les hommes seuls l'occupaient, et la manière de passer l'existence avec le plus de simplicité qu'il est possible. Les objurgations de Diogène le faisaient rire, non moins que ses prétentions à réformer les mœurs. Cratès s'estimait infiniment au-dessus de soucis aussi vulgaires. Il transformait la maxime inscrite au fronton du temple de Delphes, et disait : « Vis toi-même ». L'idée d'une connaissance quelconque lui paraissait absurde. Il n'étudiait que les relations de son corps avec ce qui lui est nécessaire, tâchant à les réduire autant qu'il se peut. Diogène mordait comme les chiens, mais Cratès vivait comme les chiens.

Il eut un disciple dont le nom était Métrocle. C'était un jeune homme riche de Maronée. Sa sœur Hipparchia, belle et noble, devint amoureuse de Cratès. Il est constant qu'elle en fut éprise et qu'elle vint le trouver. La chose paraît impossible, mais elle est certaine. Rien ne la rebuta, ni la saleté du cynique, ni sa pauvreté absolue, ni l'horreur de sa vie publique. Il la prévint qu'il vivait à la manière des chiens, parmi les rues et qu'il quêtait les os dans les tas d'ordures. Il l'avertit que rien ne serait caché de leur vie commune et qu'il la posséderait publiquement, dès que l'envie lui en prendrait, comme les chiens font avec les chiennes. Hipparchia s'attendait à tout cela. Ses parents essayèrent de la retenir : elle les menaça de se tuer. Ils eurent pitié d'elle. Alors elle quitta le bourg de Maronée, toute nue, les cheveux pendants, couverte seulement d'une vieille toile, et elle vécut avec Cratès, habillée semblablement à lui. On dit qu'il eut d'elle un enfant, Pasicle ; mais rien n'est assuré à cet égard.

Cette Hipparchia fut, paraît-il, bonne aux pauvres, et compatissante ; elle caressait les malades avec ses mains ; elle léchait sans aucune répugnance les blessures sanglantes de ceux qui souffraient, persuadée qu'ils étaient à elle ce que les brebis sont aux brebis, ce que les chiens sont aux chiens. S'il faisait froid, Cratès et Hipparchia couchaient serrés contre les pauvres, et tâchaient de leur donner part à la chaleur de leur corps. Ils leur prêtaient l'aide muette que les animaux se prêtent les uns aux autres. Ils n'avaient aucune préférence pour aucun de ceux qui s'approchaient d'eux. Il leur suffisait que ce fussent des hommes.

Voilà tout ce qui est parvenu à nous au sujet de la femme de Cratès ; nous ne savons quand elle mourut, ni comment. Son frère Métrocle admirait Cratès et l'imita. Mais il n'avait point de tranquillité. Sa santé était troublée par des flatuosités continuelles, qu'il ne pouvait retenir. Il se désespéra et résolut de mourir. Cratès apprit son malheur, et voulut le consoler. Il mangea un chénix de lupins et alla voir Métrocle. Il lui demanda si c'était la honte de son infirmité qui l'affligeait à ce point. Métrocle avoua qu'il ne pouvait supporter cette disgrâce. Alors Cratès, tout gonflé de lupins, lâcha des vents en présence de son disciple, et lui affirma que la nature soumettait tous les hommes au même mal. Il lui reprocha ensuite d'avoir eu honte des autres et lui proposa son propre exemple. Puis il lâcha encore quelques vents, prit Métrocle par la main, et l'emmena.

Tous deux restèrent longtemps ensemble parmi les rues d'Athènes, sans doute avec Hipparchia. Ils se parlaient fort peu. Ils n'avaient honte d'aucune chose. Bien que fouillant aux mêmes tas d'ordures, les chiens paraissaient les respecter. On peut penser que, s'ils eussent été pressés par la faim, ils se seraient battus les uns les autres à coups de dents. Mais les biographes n'ont rien rapporté de ce genre. Nous savons que Cratès mourut vieux ; qu'il avait fini par demeurer toujours à la même place, étendu sous l'appentis d'un magasin du Pirée, où les marins abritaient les ballots du port ; qu'il cessa d'errer pour trouver des viandes à ronger, ne voulut plus même étendre le bras, et qu'on le trouva, un jour, desséché par la faim.

Septima

INCANTATRICE

Septima fut esclave sous le soleil africain, dans la ville d'Hadrumète. Et sa mère Amoena fut esclave, et la mère de celle-ci fut esclave, et toutes furent belles et obscures, et les dieux infernaux leur révélèrent des philtres d'amour et de mort. La ville d'Hadrumète était blanche et les pierres de la maison où vivait Septima étaient d'un rose tremblant. Et le sable de la grève était parsemé des coquilles que roule la mer tiède depuis la terre d'Égypte, à l'endroit où les sept bouches du Nil épandent sept vases de diverses couleurs. Dans la maison maritime où vivait Septima, on entendait mourir la frange d'argent de la Méditerranée, et, à son pied, un éventail de lignes bleues éclatantes s'éployait jusqu'au ras du ciel. Les paumes des mains de Septima étaient rougies d'or, et l'extrémité de ses doigts était fardée ; ses lèvres sentaient la myrrhe et ses paupières ointes tressaillaient doucement. Ainsi elle marchait sur la route des faubourgs, portant à la maison des serviteurs une corbeille de pains flexibles.

Septima devint amoureuse d'un jeune homme libre, Sextilius, fils de Dionysia. Mais il n'est point permis d'être aimées à celles qui connaissent les mystères souterrains : car elles sont soumises à l'adversaire de l'amour, qui se nomme Anterôs. Et ainsi qu'Érôs dirige les scintillements des yeux et aiguise les pointes des flèches, Anterôs détourne les regards et émousse l'aigreur des traits. C'est un dieu bienfaisant qui siège au milieu des morts. Il n'est point cruel, comme l'autre. Il possède le népenthès qui donne l'oubli. Et sachant que l'amour est la pire des douleurs terrestres, il hait et guérit l'amour. Cependant il est impuissant à chasser Érôs d'un cœur occupé. Alors il saisit l'autre cœur. Ainsi Anterôs lutte contre Érôs. Voilà pourquoi Sextilius ne put aimer Septima. Sitôt qu'Érôs eut porté sa torche dans le sein de l'initiée, Anterôs, irrité, s'empara de celui qu'elle voulait aimer.

Septima connut la puissance d'Anterôs aux yeux baissés de Sextilius. Et quand le tremblement pourpré saisit l'air du soir, elle sortit sur la route qui va d'Hadrumète jusqu'à la mer. C'est une route

19

paisible où les amoureux boivent du vin de dattes, appuyés contre les murailles polies des tombeaux. La brise orientale souffle son parfum sur la nécropole. La jeune lune, encore voilée, vient y errer, incertaine. Beaucoup de morts embaumés trônent autour d'Hadrumète dans leurs sépultures. Et là dormait Phoinissa, sœur de Septima, esclave comme elle, et qui mourut à seize ans, avant qu'aucun homme eût respiré son odeur. La tombe de Phoinissa était étroite comme son corps. La pierre étreignait ses seins tendus de bandelettes. Tout près de son front bas une longue dalle arrêtait son regard vide. De ses lèvres noircies s'envolait encore la vapeur des aromates où on l'avait trempée. Sur sa main sage brillait un anneau d'or vert incrusté de deux rubis pâles et troubles. Elle songeait éternellement dans son rêve stérile aux choses qu'elle n'avait point connues.

Sous la blancheur vierge de la lune nouvelle, Septima s'étendit près de la tombe étroite de sa sœur, contre la bonne terre. Elle pleura et elle froissa son visage à la guirlande sculptée. Et elle approcha sa bouche du conduit par où on verse les libations, et sa passion s'exhala :

– Ô ma sœur, dit-elle, détourne-toi de ton sommeil pour m'écouter. La petite lampe qui éclaire les premières heures des morts s'est éteinte. Tu as laissé glisser de tes doigts l'ampoule colorée de verre que nous t'avions donnée. Le fil de ton collier s'est rompu et les grains d'or sont épars autour de ton cou. Rien de nous n'est plus à toi, et maintenant celui qui a un épervier sur la tête te possède. Écoute-moi, car tu as la puissance de porter mes paroles. Va vers la cellule que tu sais et supplie Anterôs. Supplie la déesse Hâthor. Supplie celui dont le cadavre dépecé fut porté par la mer dans un coffre jusqu'à Byblos. Ma sœur, aie pitié d'une douleur inconnue. Par les sept étoiles des magiciens de Chaldée, je t'en conjure. Par les puissances infernales qu'on invoque dans Cartilage, Iaô, Abriaô, Salbâal, Bathbâal, reçois mon incantation. Fais que Sextilius, fils de Dionysia, se consume d'amour pour moi, Septima, fille de notre mère Amoena.

Qu'il brûle dans la nuit ; qu'il me cherche près de ta tombe, ô Phoinissa ! Ou emmène-nous tous deux dans la demeure ténébreuse, puissante. Prie Anterôs de refroidir nos haleines s'il refuse à Érôs de les allumer. Morte parfumée, accueille la libation de ma voix. *Achrammachalala* !

Aussitôt, la vierge emmaillotée se souleva et pénétra sous la terre, les dents découvertes.

Et Septima, honteuse, courut parmi les sarcophages. Jusqu'à la seconde veille elle demeura dans la compagnie des morts. Elle épia la lune fugitive. Elle offrit sa gorge à la morsure salée du vent marin. Elle fut caressée par les premières dorures du jour. Puis elle rentra dans Hadrumète, et sa longue chemise bleue flottait derrière elle.

Cependant Phoinissa, roide, errait par les circuits infernaux. Et celui qui a un épervier sur la tête ne reçut point sa plainte. Et la déesse Hâthor resta allongée dans sa gaîne peinte. Et Phoinissa ne put trouver Anterôs, puisqu'elle ne connaissait pas le désir. Mais dans son cœur flétri elle éprouva la pitié que les morts ont pour les vivants. Alors la seconde nuit, à l'heure où les cadavres se délivrent pour accomplir les incantations, elle fit mouvoir ses pieds liés dans les rues d'Hadrumète.

Sextilius tressaillait régulièrement par les soupirs du sommeil, le visage tourné vers le plafond de sa chambre, sillonné de losanges. Et Phoinissa, morte, enroulée de bandelettes odorantes, s'assit auprès de lui. Et elle n'avait point de cervelle ni de viscères ; mais on avait replacé son cœur desséché dans sa poitrine. Et dans ce moment Érôs lutta contre Anterôs, et il s'empara du cœur embaumé de Phoinissa. Aussitôt elle désira le corps de Sextilius, afin qu'il fût couché entre elle et sa sœur Septima dans la maison des ténèbres.

Phoinissa mit ses lèvres teintes sur la bouche vive de Sextilius, et la vie s'échappa de lui comme une bulle. Puis elle parvint à la cellule d'esclave de Septima, et la prit par la main. Et Septima, endormie, céda sous la main de sa sœur. Et le baiser de Phoinissa et l'étreinte de Phoinissa firent mourir, presque à la même heure de la nuit, Septima et Sextilius. Telle fut l'issue funèbre de la lutte d'Érôs contre Anterôs ; et les puissances infernales reçurent à la fois une esclave et un homme libre.

Sextilius est couché dans la nécropole d'Hadrumète, entre l'incantatrice Septima et sa sœur vierge Phoinissa. Le texte de l'incantation est inscrit sur la plaque de plomb, roulée et percée d'un clou, que l'enchanteuse a glissé dans le conduit des libations de la tombe de sa sœur.

Lucrèce

POÈTE

Lucrèce apparut dans une grande famille qui s'était retirée loin de la vie civile. Ses premiers jours reçurent l'ombre du porche noir d'une haute maison dressée dans la montagne. L'atrium était sévère et les esclaves muets. Il fut entouré, dès l'enfance, par le mépris de la politique et des hommes. Le noble Memmius, qui avait son âge, subit, dans la forêt, les jeux que Lucrèce lui imposa. Ensemble, ils s'étonnèrent devant les rides des vieux arbres et épièrent le tremblement des feuilles sous le soleil, comme un voile viride de lumière jonché de taches d'or. Ils considérèrent souvent les dos rayés des pourceaux sauvages qui humaient le sol. Ils traversèrent des fusées frémissantes d'abeilles et des bandes mobiles de fourmis en marche. Et un jour ils parvinrent, en débouchant d'un taillis, à une clairière tout entourée d'anciens chênes-lièges, si étroitement assis, que leur cercle creusait dans le ciel un puits de bleu. Le repos de cet asile était infini. Il semblait qu'on fût dans une large route claire qui allait vers le haut de l'air divin. Lucrèce y fut touchée par la bénédiction des espaces calmes.

Avec Memmius il quitta le temple serein de la forêt pour étudier l'éloquence à Rome. L'ancien gentilhomme qui gouvernait la haute maison lui donna un professeur grec et lui enjoignit de ne revenir que lorsqu'il posséderait l'art de mépriser les actions humaines. Lucrèce ne le revit plus. Il mourut solitaire, exécrant le tumulte de la société. Quand Lucrèce revint, il ramenait dans la haute maison vide, vers l'atrium sévère et parmi les esclaves muets, une femme africaine, belle, barbare et méchante. Memmius était retourné dans la maison de ses pères. Lucrèce avait vu les factions sanglantes, les guerres de partis et la corruption politique. Il était amoureux.

Et d'abord sa vie fut enchantée. Contre les tentures des murailles, la femme africaine appuyait les masses contournées de sa chevelure. Tout son corps épousait longuement les lits de repos. Elle entourait les cratères pleins de vin écumeux de ses bras chargés d'émeraudes translucides. Elle avait une façon étrange de lever un doigt et de secouer le front. Ses sourires avaient une source profonde et ténébreuse comme les fleuves d'Afrique. Au lieu de filer la laine, elle la déchiquetait patiemment en petits flocons qui volaient autour d'elle. Lucrèce souhaitait ardemment se fondre à ce beau corps. Il étreignait ses seins métalliques et attachait sa bouche sur ses lèvres d'un violet sombre. Les paroles d'amour passèrent de l'un à l'autre, furent soupirées, les firent rire et s'usèrent. Ils touchèrent le voile flexible et opaque qui sépare les amants. Leur volupté eut plus de fureur et désira changer de personne. Elle arriva jusqu'à l'extrémité aiguë où elle s'épand autour de la chair, sans pénétrer jusqu'aux entrailles. L'Africaine se recroquevilla dans son cœur étranger. Lucrèce se désespéra de ne pouvoir accomplir l'amour. La femme devint hautaine, morne et silencieuse, pareille à l'atrium et aux esclaves. Lucrèce erra dans la salle des livres.

Ce fut là qu'il déplia le rouleau où un scribe avait copié le traité d'Épicure.

Aussitôt il comprit la variété des choses de ce monde, et l'inutilité de s'efforcer vers les idées. L'univers lui parut semblable aux petits flocons de laine que les doigts de l'Africaine éparpillaient dans les salles. Les grappes d'abeilles et les colonnes de fourmis et le tissu mouvant des feuilles lui furent des groupements de groupements d'atomes. Et dans tout son corps il sentit un peuple invisible et discord, avide de se séparer. Et les regards lui semblèrent des rayons plus subtilement charnus, et l'image de la belle barbare, une mosaïque agréable et colorée, et il éprouva que la fin du mouvement de cette infinité était triste et vaine. Ainsi que les factions ensanglantées de Rome, avec leurs troupes de clients armés et insulteurs il contempla le tourbillonnement de troupeaux d'atomes teints du même sang et qui se disputent une obscure suprématie. Et il vit que la dissolution de la mort n'était que l'affranchissement de cette tourbe turbulente qui se rue vers mille autres mouvements inutiles.

Or, quand Lucrèce eut été instruit ainsi par le rouleau de papyrus, où les mots grecs comme les atomes du monde étaient tissés les uns dans les autres, il sortit dans la forêt par le porche noir de la haute maison des ancêtres. Et il aperçut le dos des pourceaux rayés qui avaient toujours le nez dirigé vers la terre. Puis, traversant le taillis, il se trouva soudain au milieu du temple serein de la forêt, et ses yeux plongèrent dans le puits bleu du ciel. Ce fut là qu'il plaça son repos.

De là il contempla l'immensité fourmillante de l'univers ; toutes les pierres, toutes les plantes, tous les arbres, tous les animaux, tous les hommes, avec leurs couleurs, avec leurs passions, avec leurs instruments, et l'histoire de ces choses diverses, et leur naissance, et leurs maladies, et leur mort. Et parmi la mort totale et nécessaire, il perçut clairement la mort unique de l'Africaine, et pleura.

Il savait que les pleurs viennent d'un mouvement particulier des petites glandes qui sont sous les paupières, et qui sont agitées par une procession d'atomes sortie du cœur, lorsque le cœur lui-même a été frappé par la succession d'images colorées qui se détachent de la surface du corps d'une femme aimée. Il savait que l'amour n'est causé que par le gonflement des atomes qui désirent se joindre à d'autres atomes. Il savait que la tristesse causée par la mort n'est que la pire des illusions terrestres, puisque la morte avait cessé d'être malheureuse et de souffrir, tandis que celui qui la pleurait s'affligeait de ses propres maux et songeait ténébreusement à sa propre mort. Il savait qu'il ne reste de nous aucun double simulacre pour verser des larmes sur son propre cadavre étendu à ses pieds. Mais, connaissant exactement la tristesse et l'amour et la mort, et que ce sont de vaines images lorsqu'on les contemple de l'espace calme où il faut s'enfermer, il continua de pleurer, et de désirer l'amour, et de craindre la mort.

Voilà pourquoi, étant rentré dans la haute et sombre maison des ancêtres, il s'approcha de la belle Africaine, qui faisait cuire un breuvage sur un brasier dans un pot de métal. Car elle avait songé à part, elle aussi, et ses pensées étaient remontées à la source mystérieuse de son sourire. Lucrèce considéra le breuvage encore bouillonnant. Il s'éclaircit peu à peu et devint pareil à un ciel trouble et vert. Et la belle Africaine secoua le front et leva un doigt. Alors Lucrèce but le philtre. Et tout aussitôt sa raison disparut, et il oublia tous les mots grecs du rouleau de papyrus. Et pour la première fois, étant fou, il connut l'amour ; et dans la nuit, ayant été empoisonné, il connut la mort.

Clodia

MATRONE IMPUDIQUE

Elle était fille d'Appius Claudius Pulcher, consul. À peine eut-elle quelques années, elle se distingua de ses frères et de ses sœurs par l'éclat flagrant de ses yeux. Tertia, son aînée, se maria de bonne heure ; la plus jeune céda entièrement à tous ses caprices. Ses frères, Appius et Caïus, étaient déjà avares des grenouilles en cuir et des chariots de noix qu'on leur faisait ; plus tard, ils furent avides de sesterces. Mais Clodius, beau et féminin, fut compagnon de ses sœurs. Clodia leur persuadait avec des regards ardents, de l'habiller avec une tunique à manches, de le coiffer d'un petit bonnet en fils d'or, et de le lier sous les seins avec une ceinture souple ; puis elles le couvraient d'un voile couleur de feu et le menaient dans les petites chambres où il se mettait au lit avec elles trois. Clodia fut sa préférée, mais il prit aussi la virginité de Tertia et de la cadette.

Quand Clodia eut dix-huit ans, son père mourut. Elle demeura dans la maison du mont Palatin. Appius, son frère, gouvernait le domaine, et Caïus se préparait à la vie publique. Clodius, toujours délicat et imberbe, couchait entre ses sœurs, qu'on nommait Clodia toutes deux. Elles commencèrent à aller secrètement aux bains avec lui. Elles donnaient un quart d'as aux grands esclaves qui les massaient, puis se le faisaient rendre. Clodius était traité comme ses sœurs, en leur présence. Tels furent leurs plaisirs avant le mariage.

La plus jeune épousa Lucullus, qui l'emmena en Asie, où il faisait la guerre à Mithridate. Clodia prit pour mari son cousin Metellus, honnête homme épais. Dans ces temps d'émeute, il eut un esprit conservateur et borné. Clodia ne pouvait supporter sa brutalité rustique. Elle rêvait déjà pour son cher Clodius des choses nouvelles. César commençait à s'emparer des esprits ; Clodia jugea qu'il fallait le défaire. Elle se fit amener Cicéron par Pomponius Atticus. Sa société était ricaneuse et galante. Auprès d'elle on trouvait Licinius Calvus, le jeune Curion, surnommé la « fillette », Sextius Clodius qui faisait ses courses, Egnatius et sa bande, Catullus de Vérone et Caelius

Rufus, qui était amoureux d'elle. Metellus, pesamment assis, ne disait mot. On racontait les scandales sur César et Mamurra. Puis Metellus, nommé proconsul, partit pour la Gaule cisalpine. Clodia resta seule à Rome avec sa belle-sœur Mucia. Cicéron fut entièrement charmé par ses grands yeux flambants. Il songea qu'il pouvait répudier Terentia, sa femme, et supposa que Clodia quitterait Metellus. Mais Terentia découvrit tout et terrifia son mari. Cicéron, peureux, renonça à ses désirs. Terentia voulut davantage, et Cicéron dut rompre avec Clodius.

Le frère de Clodia s'occupait cependant. Il faisait l'amour à Pompéia, femme de César. La nuit de la fête de la Bonne Déesse, il ne devait y avoir que des femmes dans la maison de César, qui était préteur. Pompéia offrait seule le sacrifice. Clodius s'habilla, ainsi que sa sœur avait eu coutume de le déguiser, en joueuse de cithare, et entra chez Pompéia. Une esclave le reconnut. La mère de Pompéia donna l'alarme et le scandale fut public. Clodius voulut se défendre et jura qu'il était, pendant ce temps, dans la maison de Cicéron. Terentia obligea son mari à nier : Cicéron porta témoignage contre Clodius.

Dès lors Clodius fut perdu dans le parti noble. Sa sœur venait de passer la trentaine. Elle était plus ardente que jamais. Elle eut l'idée de faire adopter Clodius par un plébéien, afin qu'il pût devenir tribun du peuple. Metellus, qui était revenu, devina ses projets et se moqua d'elle. Dans ce temps, où elle n'avait plus Clodius entre ses bras, elle se laissa aimer par Catullus. Le mari Metellus leur semblait odieux. Sa femme résolut de s'en débarrasser. Un jour qu'il revenait du Sénat, lassé, elle lui présenta à boire. Metellus tomba mort dans l'atrium. Désormais Clodia était libre. Elle quitta la maison de son mari et rentra vite se cloîtrer avec Clodius sur le mont Palatin. Sa sœur s'enfuit de chez Lucullus et revint avec eux. Ils reprirent leur vie à trois et exercèrent leur haine.

D'abord Clodius, devenu plébéien, fut désigné comme tribun du peuple. Malgré sa grâce féminine, il avait la voix forte et mordante. Il obtint que Cicéron fût exilé ; fit raser sa maison devant ses propres yeux, et jura la ruine et la mort à tous ses amis. César était proconsul en Gaule et ne pouvait rien. Pourtant Cicéron gagna des influences par Pompée, et se fit rappeler l'année suivante. La fureur du jeune tribun fut extrême. Il s'attaqua violemment à Milon, ami de Cicéron, qui commençait à briguer le consulat. Aposté de nuit, il tenta de le tuer, renversant ses esclaves qui portaient des torches. La faveur populaire de Clodius diminuait. On chantait des refrains obscènes sur Clodius et Clodia. Cicéron les dénonça dans un discours violent : Clodia y était traitée de Médée et de Clytemnestre. La rage du frère et de la sœur finit par éclater. Clodius voulut incendier la maison de Milon, et des esclaves gardiens l'assommèrent dans les ténèbres.

Alors Clodia fut désespérée. Elle avait pris et rejeté Catullus, puis Caelius Rufus, puis Egnatius, dont les amis l'avaient menée dans les basses tavernes : mais elle n'aimait que son frère Clodius. C'est pour lui qu'elle avait empoisonné son mari. C'est pour lui qu'elle avait attiré et séduit des bandes d'incendiaires. Quand il fut mort, l'objet de sa vie lui manqua. Elle était encore belle et chaude. Elle avait une maison de campagne sur la route d'Ostie, des jardins près du Tibre et à Baies. Elle s'y réfugia. Elle essaya de s'y distraire en y dansant lascivement avec des femmes. Ce ne fut pas suffisant. Son esprit était occupé par les stupres de Clodius, qu'elle voyait toujours imberbe et féminin. Elle se souvenait qu'il avait été pris jadis par des pirates de Cilicie, qui avaient usé de son tendre corps. Une certaine taverne lui revenait aussi à la mémoire, où elle était allée avec lui. Le fronton de la porte en était tout barbouillé de charbons, et les hommes qui y buvaient répandaient une odeur forte, et avaient la poitrine velue.

Rome l'attira donc de nouveau. Elle erra aux premières veilles dans les carrefours et les passages étroits. L'insolence éclatante de ses yeux était toujours semblable. Rien ne pouvait l'éteindre, et elle essaya tout, même de recevoir la pluie, et de coucher dans la boue. Elle alla des bains aux cellules de pierre ; les caves où les esclaves jouaient aux dés, les salles basses où s'enivraient les cuisiniers et les voituriers lui furent connues. Elle attendit des passants parmi les rues dallées. Elle périt vers le matin d'une nuit étouffante par un étrange retour d'une habitude qui avait été la sienne. Un ouvrier foulon l'avait payée d'un quart d'as ; il la guetta au crépuscule de l'aube dans l'allée, pour le lui reprendre, et l'étrangla. Puis il jeta son cadavre, les yeux grands ouverts, dans l'eau jaune du Tibre.

Pétrone

ROMANCIER

Il naquit en des jours où des baladins vêtus de robes vertes faisaient passer de jeunes porcs dressés à travers des cercles de feu, où des portiers barbus, à tunique cerise, écossaient des pois dans un plat d'argent, devant les mosaïques galantes à l'entrée des villas, où les affranchis, pleins de sesterces, briguaient dans les villes de province les fonctions municipales, où des récitateurs chantaient au dessert des poèmes épiques, où le langage était tout farci de mots d'ergastule et de redondances enflées venues d'Asie.

Son enfance passa entre de telles élégances. Il ne remettait point deux fois une laine de Tyr. On faisait balayer l'argenterie tombée dans l'atrium avec les ordures. Les repas étaient composés de choses délicates et inattendues, et les cuisiniers variaient sans cesse l'architecture des victuailles. Il ne fallait point s'étonner, en ouvrant un œuf, d'y trouver un becfigue, ni craindre de trancher une statuette imitée de Praxitèle et sculptée dans du foie gras. Le gypse qui scellait les amphores était diligemment doré. Des petites boîtes d'ivoire indien renfermaient des parfums ardents destinés aux convives. Les aiguières étaient percées de diverses façons et remplies d'eaux colorées qui surprenaient en jaillissant. Toutes les verreries figuraient des monstruosités irisées. En saisissant certaines urnes, les anses se rompaient sous les doigts et les flancs s'épanouissaient pour laisser tomber des fleurs artificiellement peintes. Des oiseaux d'Afrique aux joues écarlates caquetaient dans des cages d'or. Derrière des grillages incrustés, aux riches parois des murailles, hurlaient beaucoup de singes d'Égypte qui avaient des faces de chien. Dans des réceptacles précieux rampaient des bêtes minces qui avaient de souples écailles rutilantes et des yeux rayonnes d'azur.

Ainsi Pétrone vécut mollement, pensant que l'air même qu'il aspirait fût parfumé pour son usage. Quand il fut parvenu à l'adolescence, après avoir enfermé sa première barbe dans un coffret orné, il commença de regarder autour de lui. Un esclave du nom de

Syrus, qui avait servi dans l'arène, lui montra les choses inconnues. Pétrone était petit, noir, et louchait d'un œil. Il n'était point de race noble. Il avait des mains d'artisan et un esprit cultivé. De là vint qu'il prit plaisir à façonner les paroles et à les inscrire. Elles ne ressemblèrent à rien de ce que les poètes anciens avaient imaginé. Car elles s'efforçaient d'imiter tout ce qui entourait Pétrone. Et ce ne fut que plus tard qu'il eut la fâcheuse ambition de composer des vers.

Il connut donc des gladiateurs barbares et des hâbleurs de carrefour, des hommes aux regards obliques qui semblent épier les légumes et décrochent les pièces de viande, des enfants frisés que promenaient des sénateurs, de vieux babillards qui discouraient des affaires de la cité aux coins des rues, des valets lascifs et des filles parvenues, des marchandes de fruits et des patrons d'auberges, des poètes minables et des servantes friponnes, des prêtresses interlopes et des soldats errants. Il tenait sur eux son œil louche et saisissait exactement leurs manières et leurs intrigues. Syrus le conduisit dans les bains d'esclaves, les cellules de prostituées et les réduits souterrains où les figurants de cirque s'exerçaient avec leurs épées de bois. Aux portes de la ville, entre les tombes, il lui raconta les histoires des hommes qui changent de peau, que les noirs, les Syriens, les taverniers et les soldats gardiens des croix de supplice se repassaient de bouche en bouche.

Vers la trentième année, Pétrone, avide de cette liberté diverse, commença d'écrire l'histoire d'esclaves errants et débauchés. Il reconnut leurs mœurs parmi les transformations du luxe ; il reconnut leurs idées et leur langage parmi les conversations polies des festins. Seul, devant son parchemin, appuyé sur une table odorante en bois de cèdre, il dessina à la pointe de son calame les aventures d'une populace ignorée. À la lumière de ses hautes fenêtres, sous les peintures des lambris, il s'imagina les torches fumeuses des hôtelleries, et de ridicules combats nocturnes, des moulinets de candélabres de bois, des serrures forcées à coups de hache par des esclaves de justice, des sangles grasses parcourues de punaises, et des objurgations de procurateurs d'îlot au milieu d'attroupements de pauvres gens vêtus de rideaux déchirés et de torchons sales.

On dit que lorsqu'il eut achevé les seize livres de son invention, il fit venir Syrus poulies lui lire, et que l'esclave riait et criait à haute voix en frappant dans ses mains. Dans ce moment, ils formèrent le

29

projet de mettre à exécution les aventures composées par Pétrone. Tacite rapporte faussement qu'il fut arbitre des élégances à la cour de Néron, et que Tigellin, jaloux, lui fit envoyer l'ordre de mort. Pétrone ne s'évanouit pas délicatement dans une baignoire de marbre, en murmurant de petits vers lascifs. Il s'enfuit avec Syrus et termina sa vie en parcourant les routes.

L'apparence qu'il avait lui rendit son déguisement facile. Syrus et Pétrone portèrent tour à tour le petit sac de cuir qui contenait leurs bardes et leurs deniers. Ils couchèrent en plein air, près des tertres de croix. Ils virent luire tristement dans la nuit les petites lampes des monuments funèbres. Ils mangèrent du pain aigre et des olives amollies. On ne sait pas s'ils volèrent. Ils furent magiciens ambulants, charlatans de campagne, et compagnons de soldats vagabonds. Pétrone désapprit entièrement l'art d'écrire, sitôt qu'il vécut de la vie qu'il avait imaginée. Ils eurent de jeunes amis traîtres, qu'ils aimèrent, et qui les quittèrent aux portes des municipes en leur prenant jusqu'à leur dernier as. Ils firent toutes les débauches avec des gladiateurs évadés. Ils furent barbiers et garçons d'étuves. Pendant plusieurs mois, ils vécurent de pains funéraires qu'ils dérobaient dans les sépulcres. Pétrone terrifiait les voyageurs par son œil terne et sa noirceur qui paraissait malicieuse. Il disparut un soir. Syrus pensa le retrouver dans une cellule crasseuse où ils avaient connu une fille à chevelure emmêlée. Mais un grassateur ivre lui avait enfoncé une large lame dans le cou, tandis qu'ils gisaient ensemble, en rase campagne, sur les dalles d'un caveau abandonné.

Sufrah

GÉOMANCIEN

L'histoire d'Aladdin conte par erreur que le magicien africain fut empoisonné dans son palais et qu'on jeta son corps noirci et craquelé par la force de la drogue aux chiens et aux chats ; il est vrai que son frère fut déçu par cette apparence et se fit poignarder, ayant revêtu la robe de la sainte Fatima ; mais il est certain néanmoins que le Moghrabi Sufrah (car c'était le nom du magicien) s'endormit seulement par la toute-puissance du narcotique, et s'échappa de l'une des vingt-quatre fenêtres du grand salon, pendant qu'Aladdin embrassait tendrement la princesse.

À peine eut-il touché la terre, étant assez commodément descendu le long d'un des tuyaux d'or par où s'écoulait l'eau de la grande terrasse, que le palais disparut, et Sufrah fut seul au milieu du sable du désert. Il ne lui restait même pas une des bouteilles du vin d'Afrique qu'il était allé chercher à la cave sur la demande de la trompeuse princesse. Désespéré, il s'assit sous le soleil ardent, et sachant bien que l'étendue de sable torride qui l'entourait était infinie, il s'enroula la tête dans son manteau et attendit la mort. Il ne possédait plus aucun talisman ; il n'avait point de parfums pour faire des suffumigations ; pas même une baguette dansante qui pût lui indiquer une source profondément cachée, afin d'apaiser sa soif. La nuit arriva, bleue et chaude, mais qui calma un peu l'inflammation de ses yeux. Il eut l'idée alors de tracer sur le sable une figure de géomancie, et de demander s'il était destiné à périr dans le désert. Avec ses doigts il marqua les quatre grandes lignes, composées de points, qui sont placées sous l'invocation du Feu, de l'Eau, de la Terre et de l'Air, sur la gauche, et sur la droite, du Midi, de l'Orient, de l'Occident et du Septentrion. Et à l'extrémité de ces lignes, il collectionna les points pairs et impairs, afin d'en composer la première figure. À sa joie il vit que c'était la figure de la Fortune Majeure, d'où il suivait qu'il s'échapperait du péril, la première figure devant être placée dans la première maison d'astrologie, qui est la maison de celui qui demande. Et, dans la maison qui se nomme « Cœur du ciel », il retrouva la figure de la Fortune Majeure, ce qui lui montra qu'il réussirait et qu'il serait glorieux. Mais dans la huitième maison, qui est la maison de la Mort, vint se placer la figure du Rouge, qui annonce le sang ou le feu, ce qui est de présage sinistre. Lorsqu'il eut dressé les figures des douze maisons, il en tira deux témoins, et de ceux-ci un juge, afin d'être assuré que son opération était justement calculée. La figure du juge fut celle de la Prison, d'où il connut qu'il trouverait la gloire, avec grand péril, dans un lieu clos et secret.

Assuré de ne pas mourir sur le champ, Sufrah se mit à réfléchir. Il n'avait pas l'espoir de reconquérir la lampe, qui avait été transportée avec le palais dans le centre de la Chine. Cependant il songea que jamais il n'avait recherché quel était le véritable maître du talisman et l'ancien possesseur du grand trésor et du jardin aux fruits précieux. Une seconde figure de géomancie, qu'il lut selon les lettres de l'alphabet, lui révéla les caractères S.L.M. N., qu'il traça sur le sable, et la dixième maison confirma que le maître de ces caractères était roi. Sufrah connut aussitôt que la lampe merveilleuse avait fait partie du trésor du roi Salomon. Alors, il étudia attentivement tous les signes, et la Tête du Dragon lui indiqua ce qu'il cherchait – car elle était jointe par la Conjonction à la figure du Jeune Garçon, qui marque les richesses enfouies dans la terre, et à celle de la Prison, où on peut lire la position des voûtes fermées.

Et Sufrah battit des mains : car la figure de géomancie montrait que le corps du roi Salomon était conservé dans cette terre même d'Afrique, et qu'il portait encore au doigt son sceau tout puissant qui donne l'immortalité terrestre : si bien que le roi devait être endormi depuis des myriades d'années. Sufrah, joyeux, attendit l'aube. Dans la demi-clarté d'azur, il vit passer des Ba-da-oui pillards, qui eurent pitié de sa détresse, quand il les implora, et qui lui donnèrent un petit sac de dattes et une gourde pleine d'eau.

Sufrah se mit en marche vers le lieu désigné. C'était un endroit aride et pierreux, entre quatre montagnes nues, levées comme des doigts vers les quatre coins du ciel. Là il traça un cercle et prononça des paroles ; et la terre trembla et s'ouvrit, et laissa voir une dalle de marbre avec un anneau de bronze. Sufrah saisit l'anneau et invoqua trois fois le nom de Salomon. Aussitôt la dalle se souleva, et Sufrah descendit par un escalier étroit dans le souterrain.

32

Deux chiens de feu s'avancèrent hors de deux niches opposées et vomirent des flammes entrecroisées. Mais Sufrah prononça le nom magique, et les chiens grognant disparurent. Puis il trouva une porte de fer qui tourna silencieusement, dès qu'il l'eut touchée. Il passa le long d'un couloir creusé dans du porphyre. Des candélabres à sept branches brûlaient d'une lumière éternelle. Au fond du couloir, était une salle carrée dont les murs étaient de jaspe. Dans le centre, un brasier d'or jetait une riche lueur. Et sur un lit fait d'un seul diamant taillé, et qui semblait un bloc de feu froid, était étendue une forme vieille, à barbe blanche, le front ceint d'une couronne. Près du roi gisait un gracieux corps desséché, dont les mains se tendaient encore pour étreindre les siennes ; mais la chaleur des baisers s'était éteinte. Et, sur la main pendante du roi Salomon, Sufrah vit briller le grand sceau.

Il s'approcha sur ses genoux et, rampant jusqu'au lit, il souleva la main ridée, fit glisser l'anneau et le saisit.

Aussitôt s'accomplit l'obscure prédiction géomantique. Le sommeil d'immortalité du roi Salomon fut rompu. En une seconde, son corps s'effrita et se réduisit à une petite poignée d'ossements blancs et polis que les délicates mains de la momie semblaient protéger encore. Mais Sufrah, terrassé par le pouvoir de la figure du Rouge dans la maison de la Mort, éructa dans un flot vermeil tout le sang de sa vie et tomba dans l'assoupissement de l'immortalité terrestre. Le sceau du roi Salomon au doigt, il s'allongea près du lit de diamant, préservé de la corruption pendant des myriades d'années, dans le lieu clos et secret qu'il avait lu par la figure de la Prison. La porte de fer retomba sur le couloir de porphyre et les chiens de feu commencèrent à veiller le géomancien immortel.

Frate Dolcino

· HÉRÉTIQUE

Il apprit à connaître les choses saintes dans l'église d'Orto San Michèle, où sa mère le soulevait pour qu'il pût toucher de ses petites mains les belles figures de cire pendues devant la Sainte Vierge. La maison de ses parents joignait le Baptistère. Trois fois par jour, à l'aube, à midi, au soir, il voyait passer deux frères de l'ordre de Saint-François qui mendiaient du pain et emportaient les morceaux dans un panier. Souvent, il les suivait jusqu'à la porte du couvent. L'un de ces moines était très vieux : il disait avoir été ordonné encore par saint François lui-même. Il promit à l'enfant de lui apprendre à parler aux oiseaux et à toutes les pauvres bêtes des champs. Dolcino passa bientôt ses journées dans le couvent. Il chantait avec les frères et sa voix était fraîche. Quand la cloche sonnait pour éplucher les légumes, il leur aidait à nettoyer leurs herbes autour du grand baquet. Le cuisinier Robert lui prêtait un vieux couteau et lui permettait de frotter les écuelles avec sa touaille. Dolcino aimait à regarder au réfectoire la couverture de la lampe sur laquelle on voyait peints les douze apôtres avec des sandales de bois aux pieds et des petits manteaux qui leur couvraient les épaules.

Mais son plus grand plaisir était de sortir avec les frères quand ils allaient mendier du pain de porte en porte, et de tenir leur panier couvert d'une toile. Un jour qu'ils marchaient ainsi, à l'heure où le soleil était liant dans le ciel, on leur refusa l'aumône dans plusieurs maisons basses sur la rive du fleuve. La chaleur était forte : les frères avaient grand-soif et grand-faim. Ils entrèrent dans une cour qu'ils ne connaissaient point, et Dolcino s'écria de surprise en déposant son panier. Car cette cour était tapissée de vignes feuillues et toute pleine de verdeur délectable et transparente ; des léopards y bondissaient avec beaucoup d'animaux d'outre-mer, et on y voyait assis des jeunes filles et des jeunes gens vêtus d'étoffes brillantes qui jouaient paisiblement sur des vielles et des cithares. Là le calme était profond, l'ombre épaisse et odorante. Tous écoutaient en silence ceux qui chantaient, et le chant était d'un mode extraordinaire. Les frères ne dirent rien ; leur faim et leur soif se trouva satisfaite ; ils n'osèrent rien demander. À grand-peine, ils se décidèrent à sortir ; mais sur la rive du fleuve, en se retournant, ils ne virent point d'ouverture dans la muraille. Ils crurent que c'était une vision de nécromancie, jusqu'au moment où Dolcino découvrit le panier. Il était rempli de pains blancs comme si Jésus de ses propres mains y eût multiplié les offrandes.

Ainsi fut révélé à Dolcino le miracle de la mendicité. Cependant, il n'entra point dans l'ordre, ayant reçu de sa vocation une idée plus haute et plus singulière. Les frères l'emmenaient sur les routes lorsqu'ils allaient d'un couvent à un autre, de Bologne à Modène, de Parme à Crémone, de Pistoïe à Lucques. Et ce fut à Pise qu'il se sentit entraîné par la véritable foi. Il dormait sur la crête d'un mur du palais épiscopal, lorsqu'il fut réveillé par le son du buccin. Une foule d'enfants qui portaient des rameaux et des chandelles allumées, entouraient sur la place un homme sauvage qui soufflait dans une trompette d'airain. Dolcino crut voir saint Jean-Baptiste. Cet homme avait une barbe longue et noire ; il était vêtu d'un sac de cilice sombre, marqué d'une large croix rouge, depuis le col jusqu'aux pieds ; autour de son corps était attachée une peau de bête. Il s'écria d'une voix terrible : *Laudato et benedetto et glorificato sia lo Patre* ; et les enfants répétèrent tout haut ; puis il ajouta : *sia lo Fijo*, et les enfants reprirent ; puis il ajouta : *sia lo Spiritu Sancto* ; et les enfants dirent de même après lui ; puis il chanta avec eux : *Alléluia, alléluia, alléluia* ! Enfin, il souffla de la trompette et se mit à prêcher. Sa parole était âpre comme du vin de montagne – mais elle attira Dolcino. Partout où le moine au cilice sonna du buccin, Dolcino vint l'admirer, désirant sa vie. C'était un ignorant agité de violence ; il ne savait point le latin ; pour ordonner la pénitence, il criait : *Penitenzagite* ! Mais il annonçait sinistrement les prédictions de Merlin, et de la Sibylle, et de l'abbé Joachim, qui sont dans le *Livre des Figures* ; il prophétisait que l'Ante-Christ était venu sous la forme de l'empereur Frédéric Barberousse, que sa ruine était consommée, et que les Sept Ordres allaient bientôt s'élever après lui, suivant l'interprétation de l'Écriture. Dolcino le suivit jusqu'à Parme, où il fut inspiré à comprendre tout.

L'Annonciateur précédait Celui qui devait venir, le fondateur du premier des Sept Ordres. Sur la pierre levée de Parme, où depuis des années, les podestats parlaient au peuple, Dolcino proclama la nouvelle foi. Il disait qu'il fallait se vêtir avec des mantelets de toile blanche, comme les apôtres qui étaient peints sur la couverture de la lampe, dans le réfectoire des Frères Mineurs. Il assurait qu'il ne suffisait point de se faire baptiser ; mais, afin de revenir entièrement à l'innocence des enfants, il se fabriqua un berceau, se fit lier de langes et demanda le sein à une femme simple qui pleura de pitié. Afin de mettre sa chasteté à l'épreuve, il pria une bourgeoise de persuader à sa fille qu'elle couchât toute nue contre lui dans un lit. Il mendia un sac plein de deniers et les distribua aux pauvres, aux voleurs et aux filles communes, déclarant qu'il ne fallait plus travailler, mais vivre à la guise des animaux dans les champs. Robert, le cuisinier du couvent, s'enfuit pour le suivre et le nourrir dans une écuelle qu'il avait volée aux pauvres frères. Les gens pieux crurent que le temps était revenu des Chevaliers de Jésus-Christ et des Chevaliers de Sainte-Marie, et de ceux qui avaient suivi jadis, errants et forcenés, Gerardino Secarelli. Ils s'attroupaient béats autour de Dolcino et murmuraient : « Père, père, père ! » Mais les Frères Mineurs le firent chasser de Parme. Une jeune fille de noble maison, Margherita, courut après lui par la porte qui ouvre sur la route de Plaisance. Il la couvrit d'un sac marqué d'une croix et l'emmena. Les porchers et les vachers les considéraient sur la lisière des champs. Beaucoup quittèrent leurs bêtes et vinrent à eux. Des femmes prisonnières que les hommes de Crémone avaient cruellement mutilées en leur coupant le nez, les implorèrent et les suivirent. Elles avaient le visage enveloppé d'un linge blanc ; Margherita les instruisit. Ils s'établirent tous dans une montagne boisée, non loin de Novare, et pratiquèrent la vie commune. Dolcino n'établit ni règle ni ordre aucun, étant assuré que telle était la doctrine des apôtres, et que toutes choses devaient être en charité. Ceux qui voulaient se nourrissaient avec les baies des arbres ; d'autres mendiaient dans les villages ; d'autres volaient du bétail. La vie de Dolcino et de Margherita fut libre sous le ciel. Mais les gens de Novare ne voulurent point le comprendre. Les paysans se plaignaient des vols et du scandale.

On fit venir une bande d'hommes d'armes pour cerner la montagne. Les Apôtres furent chassés par le pays. Pour Dolcino et Margherita, on les attacha sur un âne, le visage tourné vers la croupe ; on les mena jusqu'à la grande place de Novare. Ils y furent brûlés sur le même bûcher, par ordre de justice. Dolcino ne demanda qu'une grâce : c'est qu'on les laissât vêtus, dans le supplice, parmi les flammes, comme les Apôtres sur la couverture de la lampe, de leurs deux mantelets blancs.

Cecco Angiolieri

POÈTE HAINEUX

Cecco Angiolieri naquit haineux à Sienne, le même jour que Dante Alighieri à Florence. Son père, enrichi dans le commerce des laines, inclinait vers l'Empire. Dès l'enfance, Cecco fut jaloux des grands, les méprisa, et marmotta des oraisons. Beaucoup de nobles ne voulaient plus se soumettre au pape. Cependant les ghibellins avaient cédé. Mais parmi les guelfes mêmes, il y avait les Blancs et les Noirs. Les Blancs ne répugnaient pas à l'intervention impériale. Les Noirs restaient fidèles à l'Église, à Rome, au Saint-Siège. Cecco eut l'instinct d'être Noir, peut-être parce que son père était Blanc.

Il le haït presque du premier souffle. À quinze ans, il réclama sa part de la fortune, comme si le vieil Angiolieri fût mort. Il s'irrita du refus et quitta la maison paternelle. Dès lors il ne cessa de se plaindre aux passants et au ciel. Il vint à Florence par la grand-route. Les Blancs y régnaient encore, même après qu'on en avait chassé les ghibellins. Cecco mendia son pain, attesta la dureté de son père, et finit par se loger dans le taudis d'un savetier, qui avait une fille. Elle se nommait Becchina et Cecco crut qu'il l'aimait.

Le savetier était un homme simple, ami de la Vierge, dont il portait les médailles, et persuadé que sa dévotion lui donnait le droit de tailler ses chaussures dans du mauvais cuir. Il causait avec Cecco de la sainte théologie et de l'excellence de la grâce, à la lueur d'une chandelle de résine, avant l'heure d'aller se coucher. Becchina lavait la vaisselle, et ses cheveux étaient constamment emmêlés. Elle se moquait de Cecco parce qu'il avait la bouche tordue.

Vers ce temps, commença à se répandre dans Florence le bruit de l'amour excessif qu'avait eu Dante degli Alighieri pour la fille de Folco Ricovero de Portinari, Béatrice. Ceux qui étaient lettrés savaient par cœur les chansons qu'il lui avait adressées. Cecco les entendit réciter et les blâma fort.

– Ô Cecco, dit Becchina, tu te moques de ce Dante, mais tu ne saurais pas écrire de si beaux envois pour moi.

– Nous verrons, dit Angiolieri en ricanant.

Et premièrement, il composa un sonnet où il critiquait la mesure et le sens des chansons de Dante. Ensuite il fit des vers pour Becchina, qui ne savait pas les lire, et qui éclatait de rire quand Cecco les lui déclamait, parce qu'elle ne pouvait supporter les grimaces amoureuses de sa bouche.

Cecco était pauvre et nu comme une pierre d'église. Il aimait la mère de Dieu avec fureur, ce qui lui rendait le savetier indulgent. Tous deux voyaient quelques misérables ecclésiastiques, à la solde des Noirs. On espérait beaucoup de Cecco, qui semblait illuminé, mais il n'y avait point d'argent à lui donner. Ainsi malgré sa foi louable, le savetier dut marier Becchina à un gros voisin, Barberino, qui vendait de l'huile. « Et l'huile peut être sainte ! » dit pieusement le savetier à Cecco Angiolieri, pour s'excuser. Le mariage se fit environ dans le même temps que Béatrice épousa Simone de Bardi. Cecco imita la douleur de Dante.

Mais Becchina ne mourut point. Le 9 juin 1291, Dante dessinait sur une tablette, et c'était le premier anniversaire depuis la mort de Béatrice. Il se trouva qu'il avait figuré un ange dont le visage était semblable au visage de la bien-aimée. Onze jours après, le 20 juin, Cecco Angiolieri (Barberino étant occupé dans le marché aux huiles) obtint de Becchina la faveur de la baiser sur la bouche, et composa un sonnet brûlant. La haine n'en diminua pas dans son cœur. Il voulait de l'or avec son amour. Il ne put en tirer aux usuriers. Il espéra en obtenir de son père et partit pour Sienne. Mais le vieil Angiolieri refusa à son fils même un verre de vin maigre, et le laissa assis sur la route, devant la maison.

Cecco avait vu dans la salle un sac de florins nouvellement frappés. C'était le revenu d'Arcidosso et de Montegiovi. Il mourait de faim et de soif ; sa robe était déchirée, sa chemise fumante. Il revint, poudreux, à Florence, et Barberino le mit à la porte de sa boutique, à cause de ses guenilles.

Cecco retourna, le soir, dans le taudis du savetier, qu'il trouva chantant une docile chanson pour Marie à la fumée de sa chandelle.

Tous deux s'embrassèrent et pleurèrent pieusement. Après l'hymne, Cecco dit au savetier la terrible et désespérée haine qu'il portait à son père, vieillard qui menaçait de vivre autant que le Juif-Errant Botadeo. Un prêtre qui entrait pour conférer sur les besoins du peuple lui

39

persuada d'attendre sa délivrance dans l'état monastique. Il conduisit Cecco à une abbaye, où on lui donna une cellule et une vieille robe. Le prieur lui imposa le nom de frère Henri. Dans le chœur, pendant les chants nocturnes, il touchait de la main les dalles dépouillées et froides comme lui. La rage lui serrait la gorge quand il songeait à la richesse de son père ; il lui semblait que la mer plutôt dessécherait avant qu'il mourût. Il se sentait si dénué qu'il y eut des moments où il crut qu'il aimerait être souillard de cuisine. « C'est une chose, se dit-il, à laquelle on pourrait bien aspirer. »

À d'autres moments, il eut la folie de l'orgueil : « Si j'étais le feu, pensa-t-il, je brûlerais le monde ; si j'étais le vent, j'y soufflerais l'ouragan ; si j'étais l'eau, je noierais dans le déluge ; si j'étais Dieu, je l'enfoncerais parmi l'espace ; si j'étais pape, il n'y aurait plus de paix sous le soleil ; si j'étais l'Empereur, je couperais des têtes à la ronde ; si j'étais la Mort, j'irais trouver mon père... si j'étais Cecco... voilà tout mon espoir... » Mais il était *frate Arrigo*. Puis il revint à sa haine. Il se procura une copie des chansons pour Béatrice et les compara patiemment aux vers qu'il avait écrits pour Becchina. Un moine errant lui apprit que Dante parlait de lui avec dédain. Il chercha les moyens de se venger. La supériorité des sonnets à Becchina lui semblait évidente. Les chansons pour Bice (il lui donnait son nom vulgaire) étaient abstraites et blanches ; les siennes étaient pleines de force et de couleur. D'abord, il envoya des vers d'insulte à Dante ; puis, il imagina de le dénoncer au bon roi Charles, comte de Provence. Finalement, nul ne prenant souci ni de ses poésies ni de ses lettres, il demeura impuissant. Enfin il se lassa de nourrir sa haine dans l'inaction, se dépouilla de sa robe, remit sa chemise sans agrafe, son jaquet usé, son chaperon lavé par la pluie et retourna quêter l'assistance des Frères dévots qui travaillaient pour les Noirs.

Une grande joie l'attendait. Dante avait été exilé : il n'y avait plus que des partis obscurs à Florence. Le savetier murmurait humblement à la Vierge le prochain triomphe des Noirs. Cecco Angiolieri oublia Becchina dans sa volupté. Il traîna dans les ruisseaux, mangea des croûtons durs, courut à pied derrière les envoyés de l'Église qui allaient à Rome et retournaient à Florence. On vit qu'il pourrait servir. Corso Donati, chef violent des Noirs, revenu dans Florence, et puissant, l'employa parmi d'autres. La nuit du 10 juin 1304, une tourbe de cuisiniers, de teinturiers, de forgerons, de prêtres et de mendiants, envahit le noble quartier de Florence où étaient les belles maisons des Blancs. Cecco Angiolieri brandissait la torche résineuse du savetier qui suivait à distance, admirant les décrets célestes. Ils incendièrent tout et Cecco alluma les boiseries aux balcons des Cavalcanti, qui avaient été les amis de Dante. Cette nuit-là il étancha sa soif de haine avec du feu. Le lendemain, il envoya à Dante le « Lombard » des vers d'insulte à la cour de Vérone. Dans la même journée, il devint Cecco Angiolieri comme il le désirait depuis tant d'années : son père, vieux autant qu'Elie ou Enoch, mourut.

Cecco courut à Sienne, défonça les coffres et plongea ses mains dans les sacs de florins nouveaux, se répéta cent fois qu'il n'était plus le pauvre frère Henri, mais noble, seigneur d'Arcidosso et de Montegiovi, plus riche que Dante et meilleur poète. Puis il songea qu'il était pécheur et qu'il avait souhaité la mort de son père. Il se repentit. Il griffonna sur le champ un sonnet pour demander au Pape une croisade contre tous ceux qui insulteraient leurs parents. Avide de se confesser, il retourna en hâte à Florence, embrassa le savetier, le supplia d'intercéder auprès de Marie. Il se précipita chez le marchand de cires saintes et acheta un grand cierge. Le savetier l'alluma onctueusement. Tous deux pleurèrent et prièrent Notre-Dame.

Jusqu'aux heures tardives, on entendit la voix paisible du savetier qui chantait des louanges, se réjouissait de son flambeau et essuyait les larmes de son ami.

Paolo Uccello

PEINTRE

Il se nommait vraiment Paolo di Dono ; mais les Florentins l'appelèrent Uccelli, ou Paul les Oiseaux, à cause du grand nombre d'oiseaux figurés et de bêtes peintes qui remplissaient sa maison : car il était trop pauvre pour nourrir des animaux ou pour se procurer ceux qu'il ne connaissait point. On dit même qu'à Padoue il exécuta une fresque des quatre éléments, et qu'il donna pour attribut à l'air l'image du caméléon. Mais il n'en avait jamais vu, de sorte qu'il représenta un chameau ventru qui a la gueule bée. (Or le caméléon, explique Vasari, est semblable à un petit lézard sec, au lieu que le chameau est une grande bête dégingandée). Car Uccello ne se souciait point de la réalité des choses, mais de leur multiplicité et de l'infini des lignes ; de sorte qu'il fit des champs bleus, et des cités rouges, et des cavaliers vêtus d'armures noires sur des chevaux d'ébène dont la bouche est enflammée, et des lances dirigées comme des rayons de lumière vers tous les points du ciel. Et il avait coutume de dessiner des *mazocchi*, qui sont des cercles de bois recouvert de drap que l'on place sur la tête, de façon que les plis de l'étoffe rejetée entourent tout le visage. Uccello en figura de pointus, d'autres carrés, d'autres à facettes, disposés en pyramides et en cônes, suivant toutes les apparences de la perspective, si bien qu'il trouvait un monde de combinaisons dans les replis du *mazocchio*. Et le sculpteur Donatello lui disait : « Ah ! Paolo, tu laisses la substance pour l'ombre ! »

Mais l'Oiseau continuait son œuvre patiente, et il assemblait les cercles, et il divisait les angles, et il examinait toutes les créatures sous tous leurs aspects, et il allait demander l'interprétation des problèmes d'Euclide à son ami le mathématicien Giovanni Manetti ; puis il s'enfermait et couvrait ses parchemins et ses bois de points et de courbes. Il s'employa perpétuellement à l'étude de l'architecture, en quoi il se fit aider par Filippo Brunelleschi ; mais ce n'était point dans l'intention de construire. Il se bornait à remarquer les directions des lignes, depuis les fondations jusqu'aux corniches, et la convergence des droites à leurs intersections, et la manière dont les voûtes tournaient à leurs clefs, et le raccourci en éventail des poutres de plafond qui semblaient s'unir à l'extrémité des longues salles. Il représentait aussi toutes les bêtes et leurs mouvements, et les gestes des hommes, afin de les réduire en lignes simples.

Ensuite, semblable à l'alchimiste qui se penchait sur les mélanges de métaux et d'organes et qui épiait leur fusion à son fourneau pour trouver l'or, Uccello versait toutes les formes dans le creuset des formes. Il les réunissait, et les combinait, et les fondait, afin d'obtenir leur transmutation dans la forme simple, d'où dépendent toutes les autres. Voilà pourquoi Paolo Uccello vécut comme un alchimiste au fond de sa petite maison. Il crut qu'il pourrait muer toutes les lignes en un seul aspect idéal. Il voulut concevoir l'univers créé ainsi qu'il se reflétait dans l'œil de Dieu, qui voit jaillir toutes les figures hors d'un centre complexe. Autour de lui vivaient Ghiberti, della Robbia, Brunelleschi, Donatello, chacun orgueilleux et maître de son art, raillant le pauvre Uccello, et sa folie de la perspective, plaignant sa maison pleine d'araignées, vide de provisions ; mais Uccello était plus orgueilleux encore. À chaque nouvelle combinaison de lignes, il espérait avoir découvert le mode de créer. Ce n'était pas l'imitation où il mettait son but, mais la puissance de développer souverainement toutes choses, et l'étrange série de chaperons à plis lui semblait plus révélatrice que les magnifiques figures de marbre du grand Donatello.

Ainsi vivait l'Oiseau, et sa tête pensive était enveloppée dans sa cape ; et il ne s'apercevait ni de ce qu'il mangeait ni de ce qu'il buvait, mais il était entièrement pareil à un ermite. En sorte que dans une prairie, près d'un cercle de vieilles pierres enfoncées parmi l'herbe, il aperçut un jour une jeune fille qui riait, la tête ceinte d'une guirlande. Elle portait une longue robe délicate soutenue aux reins par un ruban pâle, et ses mouvements étaient souples comme les tiges qu'elle courbait. Son nom était Selvaggia, et elle sourit à Uccello. Il nota la flexion de son sourire. Et quand elle le regarda, il vit toutes les petites lignes de ses cils, et les cercles de ses prunelles, et la courbe de ses paupières, et les enlacements subtils de ses cheveux, et il fit décrire dans sa pensée à la guirlande qui ceignait son front une multitude de positions. Mais Selvaggia ne sut rien de cela, parce qu'elle avait seulement treize ans. Elle prit Uccello par la main et elle l'aima. C'était la fille d'un teinturier de Florence, et sa mère était morte. Une autre femme était venue dans la maison, et elle avait battu Selvaggia. Uccello la ramena chez lui.

Selvaggia demeurait accroupie tout le jour devant la muraille sur laquelle Uccello traçait les formes universelles. Jamais elle ne comprit pourquoi il préférait considérer des lignes droites et des lignes arquées à regarder la tendre figure qui se levait vers lui.

Le soir, quand Brunelleschi ou Manetti venaient étudier avec Uccello, elle s'endormait, après minuit, au pied des droites entrecroisées, dans le cercle d'ombre qui s'étendait sous la lampe. Le matin, elle s'éveillait, avant Uccello, et se réjouissait parce qu'elle était entourée d'oiseaux peints et de bêtes de couleur. Uccello dessina ses lèvres, et ses yeux, et ses cheveux, et ses mains, et fixa toutes les attitudes de son corps ; mais il ne fit point son portrait, ainsi que faisaient les autres peintres qui aimaient une femme. Car l'Oiseau ne connaissait pas la joie de se limiter à l'individu ; il ne demeurait point en un seul endroit : il voulait planer, dans son vol, au-dessus de tous les endroits. Et les formes des attitudes de Selvaggia furent jetées au creuset des formes, avec tous les mouvements des bêtes, et les lignes des plantes et des pierres, et les rais de la lumière, et les ondulations des vapeurs terrestres et des vagues de la mer. Et sans se souvenir de Selvaggia, Uccello paraissait demeurer éternellement penché sur le creuset des formes.

Cependant il n'y avait point à manger dans la maison d'Uccello. Selvaggia n'osait le dire à Donatello ni aux autres. Elle se tut et mourut. Uccello représenta le roidissement de son corps, et l'union de ses petites mains maigres, et la ligne de ses pauvres yeux fermés. Il ne sut pas qu'elle était morte, de même qu'il n'avait pas su si elle était vivante. Mais il jeta ces nouvelles formes parmi toutes celles qu'il avait rassemblées.

L'Oiseau devint vieux, et personne ne comprenait plus ses tableaux. On n'y voyait qu'une confusion de courbes. On ne reconnaissait plus ni la terre, ni les plantes, ni les animaux, ni les hommes. Depuis de longues années, il travaillait à son œuvre suprême, qu'il cachait à tous les yeux. Elle devait embrasser toutes ses recherches, et elle en était l'image dans sa conception. C'était saint Thomas incrédule, tentant la plaie du Christ. Uccello termina son tableau à quatre-vingts ans. Il fit venir Donatello, et le découvrit pieusement devant lui. Et Donatello s'écria : « Ô Paolo, recouvre ton tableau ! » L'Oiseau interrogea le grand sculpteur : mais il ne voulut dire autre chose. De sorte qu'Uccello connut qu'il avait accompli le miracle. Mais Donatello n'avait vu qu'un fouillis de lignes.

Et quelques années plus tard, on trouva Paolo Uccello mort d'épuisement sur son grabat. Son visage était rayonnant de rides. Ses yeux étaient fixés sur le mystère révélé. Il tenait dans sa main strictement refermée un petit rond de parchemin couvert d'entrelacements qui allaient du centre à la circonférence et qui retournaient de la circonférence au centre.

Nicolas Loyseleur

JUGE

Il naquit le jour de l'Assomption, et fut dévot à la Vierge. Sa coutume était de l'invoquer en toutes les circonstances de sa vie et il ne pouvait entendre son nom sans avoir les yeux pleins de larmes. Après qu'il eut étudié dans un petit grenier de la rue Saint-Jacques sous la férule d'un clerc maigre, en compagnie de trois enfants qui marmottaient le Donat et les psaumes de la Pénitence, il apprit laborieusement la Logique d'Okam. Ainsi il devint de bonne heure bachelier et maître-ès arts. Les vénérables personnes qui l'instruisaient remarquèrent en lui une grande douceur et une onction charmante. Il avait des lèvres grasses d'où les paroles glissaient pour adorer. Dès qu'il obtint son baccalauréat de théologie, l'Église eut les yeux sur lui. Il officia d'abord dans le diocèse de l'évêque de Beauvais qui connut ses qualités et se servit de lui pour aviser les Anglais devant Chartres sur divers mouvements des capitaines français. Quand il eut environ trente-cinq ans d'âge, on le fit chanoine de la cathédrale de Rouen. Là, il fut bon ami de Jean Bruillot, chanoine et chantre, avec lequel il psalmodiait de belles litanies en l'honneur de Marie.

Parfois il faisait remontrance à Nicole Coppequesne, qui était de son chapitre, sur sa fâcheuse prédilection pour Sainte Anastasie. Nicole Coppequesne ne se lassait point d'admirer qu'une fille aussi sage eût enchanté un préfet romain au point de le rendre amoureux, dans une cuisine, des marmites et des chaudrons qu'il embrassait avec ferveur ; tant que, la figure toute noircie, il devint semblable à un démon. Mais Nicolas Loyseleur lui montrait combien la puissance de Marie fut supérieure lorsqu'elle rendit à la vie un moine noyé. C'était un moine lubrique, mais qui n'avait jamais omis de révérer la Vierge. Une nuit, se levant pour aller à ses mauvaises œuvres, il eut soin, tandis qu'il passait devant l'autel de Notre-Dame, d'accomplir une génuflexion, et de la saluer. Sa lubricité le fit, cette nuit-là même, noyer dans la rivière. Mais les démons ne parvinrent point à l'emporter, et quand les moines tirèrent son corps de l'eau, le jour suivant, il rouvrit les yeux, ranimé par la gracieuse Marie. « Ah ! cette dévotion est un remède choisi, soupirait le chanoine, et une vénérable et discrète personne telle que vous, Coppequesne, doit lui sacrifier l'amour d'Anastasie. »

La grâce persuasive de Nicolas Loyseleur ne fut point oubliée par l'évêque de Beauvais lorsqu'il commença d'instruire à Rouen le procès de Jeanne la Lorraine. Nicolas se vêtit d'habits courts, laïques, et, sa tonsure cachée sous un chaperon, se fit introduire dans la petite cellule ronde, sous un escalier, où était enfermée la prisonnière.

– Jeannette, dit-il, se tenant dans l'ombre, il me semble que c'est Sainte Katherine qui m'envoie vers vous.

– Et au nom de Dieu qui êtes-vous donc ? dit Jeanne.

– Un pauvre cordonnier de Greu, dit Nicolas – hélas, de notre malheureux pays ; et les « Godons » m'ont pris comme vous, ma fille – louée puissiez-vous être du ciel ! Je vous connais bien, allez ; et je vous ai vue mainte et mainte fois quand vous veniez prier la très sainte Mère de Dieu dans l'église de Sainte Marie de Bermont. Et avec vous j'ai souvent ouï les messes de notre bon curé Guillaume Front. Hélas, et vous souvenez-vous bien de Jean Moreau et de Jean Barre de Neufchâteau ? Ce sont mes compères.

Alors Jeanne pleura.

– Jeannette, ayez confiance en moi, dit Nicolas. On m'a ordonné clerc quand j'étais enfant. Et, tenez, voici la tonsure. Confessez-vous, mon enfant, confessez-vous en toute liberté, car je suis ami de notre gracieux roi Charles.

– Je me confesserai bien volontiers à vous, mon ami, dit la bonne Jeanne.

Or on avait percé un trou dans la muraille ; et au dehors, sous un degré de l'escalier, Guillaume Manchon et Bois-Guillaume inscrivaient les minutes de la confession. Et Nicolas Loyseleur disait :

– Jeannette, persistez dans vos paroles, et soyez constante, – les Anglais n'oseront point vous faire de mal.

Le lendemain, Jeanne vint devant les juges. Nicolas Loyseleur s'était placé avec un notaire dans le retrait d'une fenêtre, derrière un drap de serge, afin de faire grossoyer les charges seulement et laisser en blanc les excuses. Mais les deux autres greffiers réclamèrent. Lorsque Nicolas reparut dans la salle, il fit de petits signes à Jeanne afin qu'elle ne semblât point surprise, et assista sévèrement l'interrogatoire.

Le 9 mai, il opina dans la grosse tour du château que les tourmentements étaient instants.

Le 12 mai, les juges s'assemblèrent dans la maison de l'évêque de Beauvais, afin de délibérer s'il était utile de mettre Jeanne à la torture. Guillaume Erart pensait que ce n'était point la peine, y ayant matière assez ample et sans torture. Maître Nicolas Loyseleur dit qu'il lui semblait que pour la médecine de son âme, il serait bon qu'elle fût mise à la torture ; mais son conseil ne prévalut pas.

Le 24 mai, Jeanne fut menée au cimetière de Saint-Ouen où on la fit monter sur un échafaud de plâtre. Elle trouva près d'elle Nicolas Loyseleur qui lui parlait à l'oreille tandis que Guillaume Erart la prêchait. Quand elle fut menacée du feu, elle devint blanche ; tandis que le chanoine la soutenait, il cligna des yeux vers les juges et dit : « Elle abjurera ». Il lui conduisit la main pour marquer d'une croix et d'un rond le parchemin qu'on lui tendit. Puis il l'accompagna sous une petite porte basse et lui caressa les doigts :

– Ma Jeannette, lui dit-il, vous avez fait une bonne journée, s'il plaît à Dieu ; vous avez sauvé votre âme. Jeanne, ayez confiance en moi, parce que si vous le voulez, vous serez délivrée. Recevez vos habits de femme ; faites tout ce qu'on vous ordonnera ; autrement vous seriez en danger de mort. Et si vous faites ce que je vous dis, vous serez sauvée, vous aurez beaucoup de bien et vous n'aurez point de mal ; mais vous serez en la puissance de l'Église.

Le même jour, après dîner, il vint la voir dans sa nouvelle prison. C'était une chambre moyenne du château où on arrivait par huit degrés. Nicolas s'assit sur le lit près duquel était un gros bois lié à une chaîne de fer.

– Jeannette, lui dit-il, vous voyez comment Dieu et Notre-Dame vous ont fait en ce jour une grande miséricorde, puisqu'ils vous ont reçue en la grâce et miséricorde de notre Sainte Mère l'Église ; il faudra obéir bien humblement aux sentences et ordonnances des juges et personnes ecclésiastiques, quitter vos anciennes imaginations et ne point y retourner, sans quoi l'Église vous abandonnerait à jamais. Tenez, voici d'honnêtes vêtements de prude femme ; Jeannette, ayez-en grand soin ; et faites bien vite tondre ces cheveux que je vous vois et qui sont taillés en rotonde.

Quatre jours après, Nicolas se glissa la nuit dans la chambre de Jeanne et lui vola la chemise et la cotte qu'il lui avait données. Quand on lui annonça qu'elle avait repris ses habits d'homme :

– Hélas, dit-il, elle est relapse et chue bien profondément dans le mal.

Et dans la chapelle de l'archevêché, il répéta les paroles du docteur Gilles de Duremort :

– Nous juges, nous n'avons qu'à déclarer Jeanne hérétique et à l'abandonner à la justice séculière en la priant d'agir doucement avec elle.

Avant qu'on la menât au morne cimetière, il vint l'exhorter en compagnie de Jean Toutmouillé.

– Ô Jeannette, lui dit-il, ne cachez plus la vérité ; il ne faut penser maintenant qu'au salut de votre âme. Mon enfant, croyez-moi : tout à l'heure, parmi l'assemblée, vous vous humilierez et vous ferez, à genoux, votre confession publique. Qu'elle soit publique, Jeanne, humble et publique, pour la médecine de votre âme.

Et Jeanne le pria de l'en faire souvenir craignant de ne point oser devant tant de monde.

Il demeura pour la voir brûler. C'est alors que se manifesta visiblement sa dévotion à la Vierge. Sitôt qu'il entendit les appels de Jeanne à Sainte-Marie, il commença de pleurer à chaudes larmes. Tant le nom de Notre-Dame le remuait. Les soldats anglais crurent qu'il avait pitié, le souffletèrent et le poursuivirent l'épée haute. Si le comte de Warwick n'eût étendu la main sur lui, on l'égorgeait. Il se hissa péniblement sur un cheval du comte et s'enfuit.

Pendant de longues journées il erra sur les routes de France, n'osant retourner en Normandie et craignant les gens du roi. Enfin il arriva dans Bâle. Sur le pont de bois, entre les maisons pointues, couvertes de tuiles striées en ogives, et les poivrières bleues et jaunes, il eut soudain un éblouissement devant la lumière du Rhin ; il crut qu'il se noyait, comme le moine lubrique, au milieu de l'eau verte qui tourbillonnait dans ses yeux ; le mot de Marie s'étouffa dans sa gorge, et il mourut avec un sanglot.

Katherine La Dentellière

FILLE AMOUREUSE

Elle naquit vers le milieu du quinzième siècle, dans la rue de la Parcheminerie, près de la rue Saint-Jacques, par un hiver où il fit si froid que les loups coururent à travers Paris sur les neiges. Une vieille femme, qui avait le nez rouge sous son chaperon, la recueillit et l'éleva. Et premièrement elle joua sous les porches avec Perrenette, Guillemette, Ysabeau et Jehanneton, qui portaient de petites cottes et trempaient leurs menottes rougies dans les ruisseaux pour attraper des morceaux de glace. Elles regardaient aussi ceux qui pipaient les passants au jeu de tables qu'on appelle Saint-Merry. Et sous les auvents, elles guettaient les tripes dans leurs baquets, et les longues saucisses ballottantes, et les gros crochets de fer où les bouchers suspendent les quartiers de viande. Près de Saint-Benoit le Bétourné, où sont les écritoires, elles écoutaient grincer les plumes, et soufflaient la chandelle au nez des clercs, le soir, par les lucarnes des boutiques. Au Petit-Pont, elles narguaient les harangères et s'enfuyaient vite vers la place Maubert, se cachaient dans les angles de la rue des Trois-Portes ; puis, assises sur la margelle de la fontaine, elles jacassaient jusqu'à la brume de la nuit.

Ainsi se passa la prime jeunesse de Katherine, avant que la vieille femme lui eût appris à s'asseoir devant un coussinet à dentelles et à entrecroiser patiemment les fils de toutes les bobines. Plus tard, elle ouvragea de son métier, Jehanneton étant devenue chaperonnière, Perrenette lavandière, et Ysabeau gantière, et Guillemets, la plus heureuse, saucissière, ayant un petit visage cramoisi qui reluisait comme s'il eût été frotté avec du sang frais de porc. Pour ceux qui avaient joué à Saint-Merry, ils commençaient déjà d'autres entreprises ; certains étudiaient sur la montagne Sainte-Geneviève, et d'autres battaient les cartes au Trou-Perrette, et d'autres choquaient les brocs de vin d'Aunis à la Pomme de Pin et d'autres se querellaient à l'hôtel de la Grosse Margot, et sur l'heure de midi, on les voyait, à l'entrée de la taverne, dans la rue aux Fèves, et sur l'heure de minuit, ils sortaient par la porte de la rue aux Juifs. Pour Katherine, elle entrelaçait les fils de sa dentelle, et les soirs d'été elle prenait le serein sur le banc de l'église, où il était permis de rire et de babiller.

Katherine portait une chemisette écrue et un surcot de couleur verte ; elle était tout affolée d'atours, ne haïssant rien tant que le bourrelet qui marque les filles lorsqu'elles ne sont point de noble lignée. Elle aimait pareillement les testons, les blancs, et surtout les écus d'or. C'est ce qui fit qu'elle s'accointa à Casin Cholet, sergent à verge au Châtelet ; sous ombre de son office, il gagnait mal de la monnaie. Souvent elle soupa en sa compagnie à l'hôtellerie de la Mule, en face de l'église des Mathurins ; et, après souper, Casin Cholet allait prendre des poules sur l'envers des fossés de Paris. Il les rapportait sous son grand tabart, et les vendait très bien à la Machecroue, veuve d'Arnoul, belle marchande de volaille à la porte du Petit-Châtelet.

Et sitôt Katherine cessa son métier de dentellière : car la vieille femme au nez rouge pourrissait au charnier des Innocents. Casin Cholet trouva pour son amie une petite chambre basse, près des Trois-Pucelles, et là il venait la voir sur la tarde. Il ne lui défendait pas de se montrer à la fenêtre, avec les yeux noircis au charbon, les joues enduites de blanc de plomb ; et tous les pots, tasses et assiettes à fruits où Katherine offrait à boire et à manger à tous ceux qui payaient bien, furent volés à la Chaire, ou aux Cygnes, ou à l'hôtel du Plat-d'Etain. Casin Cholet disparut un jour qu'il avait mis en gage la robe et le demi-ceinct de Katherine aux Trois-Lavandières. Ses amis dirent à la dentellière qu'il avait été battu au cul d'une charrette et chassé de Paris, sur l'ordre du prévôt, par la porte Baudoyer. Elle ne le revit jamais ; et seule, n'ayant plus le cœur à gagner d'argent, devint fille amoureuse, demeurant partout.

Premièrement, elle attendit aux portes d'hôtelleries ; et ceux qui la connaissaient l'emmenaient derrière les murs, sous le Châtelet, ou contre le collège de Navarre ; puis, quand il fit trop froid, une vieille complaisante la fit entrer aux étuves, où la maîtresse lui donna l'abri. Elle y vécut dans une chambre de pierre, jonchée de roseaux verts. On lui laissa son nom de Katherine la Dentellière, quoiqu'elle n'y fit point de la dentelle. Parfois on lui donnait liberté de se promener par les rues, à condition qu'elle rentrât à l'heure où les gens ont coutume d'aller aux étuves. Et Katherine errait devant les boutiques de la gantière et de la chaperonnière, et maintes fois elle demeura longtemps à envier le visage sanguin de la saucissière, qui riait parmi ses viandes de porc. Ensuite elle retournait aux étuves, que la maîtresse éclairait au crépuscule avec des chandelles qui bridaient rouge et fondaient pesamment derrière les vitres noires.

Enfin Katherine se lassa de vivre close dans une chambre carrée ; elle s'enfuit sur les routes. Et, dès lors, elle ne fut plus Parisienne, ni dentellière ; mais semblable à celles qui hantent à l'entour des villes de France, assises sur les pierres des cimetières, pour donner du plaisir à ceux qui passent. Ces fillettes n'ont point d'autre nom que le nom qui convient à leur figure, et Katherine eut le nom de Museau. Elle marchait par les prés, et le soir, elle épiait sur le bord des chemins, et on voyait sa moue blanche entre les mûriers des haies. Museau apprit à supporter la peur nocturne au milieu des morts, quand ses pieds grelottaient en frôlant les tombes. Plus de testons, plus de blancs, plus d'écus d'or ; elle vivait pauvrement de pain et de fromage, et de son écuellée d'eau. Elle eut des amis malheureux qui lui chuchotaient de loin : « Museau ! Museau ! » et elle les aima.

La plus grande tristesse était d'ouïr les cloches des églises et des chapelles ; car Museau se souvenait des nuits de juin où elle s'était assise, en cotte verte, sur les bancs des porches saints. C'était au temps où elle enviait les atours des demoiselles ; il ne lui restait maintenant ni bourrelet, ni chaperon. Tête nue, elle attendait son pain, appuyée à une dalle rude. Et elle regrettait les chandelles rouges des étuves parmi la nuit du cimetière, et les roseaux verts de la chambre carrée au lieu de la boue grasse où s'enfonçaient ses pieds.

Une nuit, un ruffian qui contrefaisait l'homme de guerre, coupa la gorge de Museau pour lui prendre sa ceinture. Mais il n'y trouva pas de bourse.

Alain Le Gentil

SOLDAT

Il servit le roi Charles VII dès l'âge de douze ans, comme archer, ayant été enlevé par des hommes de guerre dans le plat pays de Normandie. La manière dont il fut enlevé fut telle. Tandis qu'on allumait les granges, qu'on écorchait les jambes des laboureurs à couteaux de ceinture, et qu'on jetait les fillettes à bas sur les lits de sangles, rompus, le petit Alain s'ôtait blotti dans une vieille pipe de vin défoncée à l'entrée du pressoir. Les hommes de guerre renversèrent la pipe et y trouvèrent un garçonnet. On l'emporta à tout sa chemise et sa cotte hardie. Le capitaine lui fit donner un petit jaquet de cuir et un ancien chaperon qui venait de la bataille de Saint-Jacques. Perrin Godin lui apprit à tirer de l'arc et à ficher proprement son carreau dans le blanc. Il passa de Bordeaux à Angoulême et du Poitou à Bourges, vit Saint-Pourçain, où se tenait le roi, franchit les marches de Lorraine, visita Toul, revint en Picardie, entra en Flandres, traversa Saint-Quentin, vira vers la Normandie, et pendant vingt-trois ans, courut la France en compagnie armée, où il connut l'Anglais Jehan Poule-Cras, qui lui fit savoir la façon de jurer par Godon, Chiquerello le Lombard, qui lui enseigna à guérir le feu Saint-Antoine, et la jeune Ydre de Laon, qui lui montra à abattre ses brayes.

Au Ponteau de Mer, son compagnon Bernard d'Anglades lui persuada de se mettre hors l'ordonnance royale, lui assurant qu'ils vivraient grandement tous deux en engeignant les dupes avec les dés pipés, qu'on nomme « gourds ». Ils le firent, sans quitter leur attirail, et ils feignaient de jouer, à l'orée des murs du cimetière, sur un tabourin volé. Un mauvais sergent de l'official, Pierre Empougnart, se fit montrer les subtilités de leur jeu et leur dit qu'ils ne tarderaient pas à être pris : mais qu'il fallait hardiment jurer qu'ils fussent clercs, afin d'échapper aux gens du roi et de réclamer la justice de l'Église, et, pour cela, tondre tout net le haut de leurs têtes et jeter promptement, en cas de besoin, leurs collets déchiquetés et leurs manches de couleur. Il les tonsura lui-même avec les ciseaux consacrés et leur fit marmotter les

53

sept Psaumes et le verset *Dominus pars*. Puis, ils tirèrent chacun de leur côté, Benard avec Bietrix la clavière, et Alain avec Lorenete la chandelière.

Comme Lorenete voulait un surcot de drap vert, Alain guetta la taverne du Cheval Blanc à Lisieux, où ils avaient bu un broc de vin.

Il revint la nuit dans le jardin, fit un trou au mur avec sa javeline, et entra dans la salle où il trouva sept écuelles d'étain, un chaperon rouge et une verge d'or. Jaquet le Grand, fripier de Lisieux, les changea très bien contre un surcot tel que le désirait Lorenete.

À Bayeux, Lorenete demeura dans une petite maison peinte, où on disait qu'étaient les étuves des femmes, et la maîtresse des étuves ne fit que rire quand Alain le Gentil voulut la reprendre. Elle le reconduisit à l'huis, la chandelle au poing, et une grosse pierre dans l'autre main, lui demandant s'il avait point envie qu'elle lui en frottât le museau pour lui faire faire la baboue. Alain s'enfuit, en renversant sa chandelle, tirant du doigt à la bonne femme ce qui lui parut être une verge précieuse : mais elle n'était que de cuivre surdoré, avec une grosse pierre rose contrefaite.

Puis Alain partit errant, et à Maubusson rencontra, dans l'hôtellerie du Papegaut, Karandas, son compagnon d'armes, qui mangeait des tripes avec un autre homme nommé Jehan Petit. Karandas portait encore son vouge, et Jehan Petit avait une bourse avec ses aiguillettes, pendante à la ceinture. Le mordant de la ceinture était d'argent fin. Après avoir bu, ils délibérèrent tous trois d'aller à Senlis par le bois. Ils se mirent en route sur la tarde, et quand ils furent au plein de la forêt, sans lumière, Alain le Gentil traîna la jambe. Jehan le Petit marchait devant. Et dans le noir, Alain lui donna rudement de sa javeline entre les deux épaules, cependant que Karandas lui croulait son vouge sur la tête. Il tomba ventre à terre, et Alain, l'enfourchant, lui coupa la gorge de sa dague, d'outre en outre. Puis, ils lui bourrèrent le cou de feuilles sèches, afin qu'il n'y eût pas une mare de sang sur le chemin. La lune parut à une clairière : Alain coupa le mordant de la ceinture, et dénoua les aiguillettes de la bourse, où il y avait seize lyons d'or et trente-six patars. Il garda les lyons, et jeta la bourse avec les virelants à Karandas, pour sa peine, tenant la javeline haute. Là, ils se départirent l'un de l'autre, au milieu de la clairière, Karandas jurant le sang Dieu.

Alain le Gentil n'osa toucher Senlis et revint par détours jusque vers la ville de Rouen. Comme il s'éveillait, après sa nuit, sous une haie fleurie, il se vit entouré par des gens cavaliers qui lui attachèrent les mains et le conduisirent aux prisons. Près du guichet, il se glissa derrière la croupe d'un cheval, et courut à l'église de Saint-Patrice, où il se logea contre le maître-autel. Les sergents ne purent passer le porche. Alain, étant en franchise, hanta librement la nef et les chœurs, vit de beaux calices de métal riche et des burettes bonnes à fondre. Et la nuit suivante, il eut pour compagnons Denisot et Marignon, larrons comme lui. Marignon avait une oreille coupée, ils ne savaient que manger. Ils envièrent les petites souris rôdeuses qui nichaient entre les dalles et s'engraissaient à grignoter les bribes du pain sacré. La troisième nuit, ils durent sortir, la faim aux dents. Les gens de justice les empoignèrent, et Alain, qui se cria clerc, avait oublié d'arracher ses manches vertes.

Il demanda aussitôt à aller au retrait, décousit son jaquet, et enfonça les manches parmi l'ordure ; mais les hommes de la geôle avertirent le prévôt. Un barbier vint raser entièrement la tête d'Alain le Gentil, pour effacer sa tonsure. Les juges rirent du pauvre latin de ses psaumes. Il eut beau jurer qu'un évêque l'avait confirmé d'un soufflet, quand il avait dix ans : il ne put venir à bout des pâtres-nôtres. On le mit à la question comme un homme lai, sur le petit tréteau, puis sur le grand tréteau. Au feu des cuisines de la prison, il déclara ses crimes, les membres tout affolés par l'étirement des cordes, et la gorge rompue. Le lieutenant du prévôt prononça la sentence, sur les carreaux. Il fut lié à la charrette, traîné jusqu'aux fourches, et pendu. Son corps se hâla au soleil. Le bourreau prit son jaquet, ses manches décousues, et un beau chaperon de drap fin, fourré de vair, qu'il avait volé dans une bonne hôtellerie.

Gabriel Spenser

ACTEUR

Sa mère fut une fille, nommée Flum, qui tenait une petite salle
basse au fond de Rotten-row, dans Picked-hatch. Un capitaine, aux
doigts chargés de bijoux en cuivre, et deux galants, vêtus de pourpoints
lâches, venaient la voir après souper. Elle logeait trois demoiselles,
dont les noms étaient Poll, Doll et Moll, et qui ne pouvaient supporter
l'odeur du tabac. Aussi montaient-elles fréquemment se mettre au
lit, et des gentilshommes polis les accompagnaient, après leur avoir
fait boire un verre de vin d'Espagne tiède, afin de dissiper la vapeur
des pipes. Le petit Gabriel se tenait accroupi sous le manteau de la
cheminée pour voir rôtir les pommes qu'on jetait dans les pots de
bière. Des acteurs venaient là aussi, qu'avaient les apparences les plus
diverses. Ils n'osaient paraître dans les grandes tavernes où allaient les
compagnies entretenues. Certains parlaient en style de fanfaronnade ;
d'autres ânonnaient comme des idiots. Ils caressaient Gabriel qui apprit
d'eux des vers brisés de tragédie et des plaisanteries rustiques de scène.
On lui donna un morceau de drap cramoisi, à frange dédorée, avec un
masque de velours et un vieux poignard de bois. Ainsi il paradait tout
seul devant l'âtre, brandissant un tison en manière de torche, et sa mère
Flum balançait son triple menton par l'admiration qu'elle avait de son
enfant précoce.

Les acteurs l'emmenèrent au Rideau Vert, dans Shoreditch, où il
trembla devant les accès de rage du petit comédien qui écumait en
hurlant le rôle de Jeronymo. On y voyait aussi le vieux roi Leir, avec
sa barbe blanche déchirée, qui s'agenouillait pour demander pardon à
sa fille Cordellia ; un clown imitait les folies de Tarleton, et un autre
enveloppé d'un drap de lit terrifiait le prince Amlet. Sir John Oldcastle
faisait rire tout le monde par son gros ventre, surtout quand il prenait à
la taille l'hôtesse qui lui permettait de chiffonner la pique de son bonnet
et de glisser ses gros doigts dans le sac de bougran qu'elle attachait
à sa ceinture. Le Fou chantait des chansons que l'Idiot ne comprenait
jamais, et un clown en bonnet de coton passait à tout moment la tête par

56

le rideau fendu, au fond de l'estrade, pour faire des grimaces. Il y avait encore un jongleur avec des singes et un homme habillé en femme qui, à l'idée de Gabriel, ressemblait à sa mère Flum. À la fin des pièces, les bedeaux à verge venaient lui mettre une robe de gros bleu et criaient qu'ils allaient le porter à Bridewell.

Quand Gabriel eut quinze ans, les acteurs du Rideau Vert remarquèrent qu'il était beau et délicat et qu'il pourrait jouer les rôles de femmes et de jeunes filles. Flum lui peignait ses cheveux noirs qui étaient rejetés en arrière ; il avait la peau très fine, les yeux grands, les sourcils hauts, et Flum lui avait percé les oreilles pour y pendre deux fausses perles doubles. Il entra donc dans la compagnie du duc de Nottingham, et on lui fit des robes de taffetas et de damas, avec des paillettes, de drap d'argent et de drap d'or, des corsages lacés et des perruques de chanvre à longues boucles. On lui apprit à se peindre dans la salle à répétitions. D'abord il rougit en montant sur l'estrade ; puis il minauda pour répondre aux galanteries. Poll, Dollet Moll, que Flum amena, tout affairée, déclarèrent avec de grands rires que c'était tout justement une femme et voulurent le délacer après la pièce. Elles le ramenèrent dans Picked-hatch, et sa mère lui fit mettre une de ses robes pour le montrer au capitaine, qui lui fit mille protestations en moquerie et feignit de lui passer au doigt un vilain anneau surdoré où était enchâssée une escarboucle de verre.

Les meilleurs camarades de Gabriel Spenser étaient William Bird, Edward Juby et les deux Jeffes. Ceux-ci entreprirent, un été, d'aller jouer dans les bourgs de la campagne avec des acteurs errants. Ils voyagèrent dans une voiture couverte d'une bâche, où ils couchaient la nuit. Sur la route de Hammersmith, un soir, ils virent sortir du fossé un homme qui leur présenta le canon d'un pistolet.

– Votre argent ! dit-il. Je suis Gamaliel Ratsey, par la grâce de Dieu voleur de grand chemin, et je n'aime pas à attendre.

À quoi les deux Jeffes répondirent, en gémissant :

– Nous n'avons point d'argent, Votre Grâce, sinon ces paillettes de cuivre et ces pièces de camelot teint, et nous sommes de pauvres acteurs errants comme Votre Seigneurie elle-même.

– Acteurs ? s'écria Gamaliel Ratsey. Voilà qui est admirable. Je ne suis pas un rafleur, ni un coquin, et je suis ami des spectacles. Si je n'avais un certain respect pour le vieux Derrick qui saurait bien me traîner sur l'échelle et me faire dodeliner de la tête, je ne quitterais pas le bord de la rivière, et les joyeuses tavernes à drapeaux, où vous autres, mes gentilshommes, vous avez coutume d'exposer tant d'esprit. Soyez donc les bienvenus. La soirée est belle. Dressez votre estrade et jouez-moi votre meilleur spectacle. Gamaliel Ratsey vous écoutera. Ce n'est pas ordinaire. Vous pourrez le raconter.

– Cela va nous coûter des feux, dirent timidement les deux Jeffes.

– Feux ? dit noblement Gamaliel – que me parlez-vous de feux ? Je suis ici le roi Gamaliel, comme Elizabeth est reine dans la Cité. Et je vous traiterai en roi. Voilà quarante shillings.

Les acteurs descendirent, tremblants.

– Plaise à Votre Majesté, dit Bird, que faudra-t-il jouer ?

Gamaliel réfléchit, et regarda Gabriel.

– Ma foi, dit-il, une belle pièce pour cette demoiselle, et bien mélancolique. Elle doit être charmante en Ophelia. Il y a des fleurs de digitale ici auprès – de vrais doigts de mort. Amlet, voilà ce que je veux. J'aime assez les humeurs de cette composition. Si je n'étais Gamaliel, je jouerais volontiers Amlet. Allez, et ne vous trompez pas dans les coups d'escrime, mes excellents Troyens, mes vaillants Corinthiens !

On alluma les lanternes. Gamaliel considéra le drame avec attention. Après la fin, il dit à Gabriel Spenser :

– Belle Ophelia, je vous dispense du compliment. Vous pouvez partir, acteurs du roi Gamaliel. Sa Majesté est satisfaite.

Puis il disparut dans l'ombre.

Comme la voiture se mettait en marche, à l'aube, on le vit de nouveau qui barrait le chemin, pistolet au poing.

– Gamaliel Ratsey, voleur de grand-route, dit-il, vient reprendre les quarante shillings du roi Gamaliel. Allons, vite. Merci pour le spectacle. Décidément, les humeurs d'Amlet me plaisent infiniment. Belle Ophelia, toute ma courtoisie.

Les deux Jeffes, qui gardaient l'argent, le rendirent par force. Gamaliel salua et partit au galop.

Sur cette aventure, la troupe rentra dans Londres. On raconta qu'un voleur avait failli enlever Ophelia en robe et en perruque. Une fille nommée Pat King, et qui venait souvent au Rideau Vert, affirma qu'elle n'en était point surprise. Elle avait la figure grasse et la taille ronde. Flum l'invita, pour lui faire connaître Gabriel. Elle le trouva mignon et l'embrassa tendrement. Puis elle revint souvent. Pat était l'amie d'un ouvrier briquetier que son métier ennuyait et qui avait l'ambition de jouer au Rideau Vert. Il se nommait Ben Jonson, et il était fort orgueilleux de son éducation, étant clerc, et ayant quelques connaissances en latin. C'était un homme grand et carré, couturé de scrofule, et dont l'œil droit était plus haut que le gauche. Il avait la voix forte et grondeuse. Ce colosse avait été soldat aux Pays-Bas. Il suivit Pat King, saisit Gabriel à la peau du cou, et le traîna aux champs de Hoxton, où le pauvre Gabriel dut lui faire face, une épée à la main. Flum lui avait secrètement glissé une lame plus longue de dix pouces. Elle passa dans le bras de Ben Jonson. Gabriel eut le poumon traversé. Il mourut sur l'herbe. Flum courut chercher les constables. On porta Ben Jonson tout jurant à Newgate. Flum espérait qu'il serait pendu. Mais il récita ses psaumes en latin, fit voir qu'il était clerc, et on le marqua seulement à la main avec un fer rouge.

Pocahontas

PRINCESSE

Pocahontas était la fille du roi Powhatan, qui siégeait assis sur un trône fait en manière de lit, et couvert d'une grande robe cousue de peaux de raton, dont toutes les queues pendaient. Elle fut élevée dans une maison tendue de nattes, parmi des prêtres et des femmes qui avaient la tête et les épaules peintes de rouge vif et qui l'amusaient avec des hochets de cuivre et des sonnettes de serpent. Namontak, un serviteur fidèle, veillait sur la princesse et ordonnait ses jeux. Quelquefois on la menait dans la forêt auprès de la grande rivière Rappahanok, et trente vierges nues dansaient pour la distraire. Elles étaient teintes de diverses couleurs et ceintes de feuilles vertes, portaient sur la tête des cornes de bouc, et une peau de loutre à la taille, et, agitant des massues, elles sautaient autour d'un feu qui crépitait. La danse terminée, elles éparpillaient les flammes et reconduisaient la princesse à la lueur des tisons.

L'an 1607, le pays de Pocahontas fut troublé par les Européens. Des gentilshommes décavés, des escrocs et des chercheurs d'or, vinrent aborder dans la rivière de Potomac, et bâtirent des cahutes en planches. Ils donnèrent aux cahutes le nom de Jamestown, et ils appelèrent leur colonie la Virginie. La Virginie ne fut, en ces années, qu'un misérable petit fort construit dans la baie de Chesapeake, au milieu des domaines du grand roi Powhatan. Les colons élurent président le capitaine John Smith, qui avait jadis couru l'aventure jusque chez les Turcs. Ils erraient sur les roches et vivaient des coquillages de la mer et du peu de froment qu'ils pouvaient obtenir par trafic avec les indigènes.

Ils furent d'abord reçus en grande cérémonie. Un prêtre sauvage vint jouer devant eux d'une flûte de roseau, ayant autour de ses cheveux noués une couronne de poils de daim teinte en rouge, et ouverte comme une rose. Son corps était peint de cramoisi, sa figure de bleu ; et il avait la peau parsemée de paillettes d'argent natif. Ainsi, la face impassible, il s'assit sur une natte, et fuma une pipe de tabac.

Puis d'autres se formèrent en colonne carrée, peints de noir, et de rouge, et de blanc, et quelques-uns à mi-couleur, chantant et dansant devant leur idole Oki, faite de peaux de serpents bourrées de mousse et ornées avec des chaînes de cuivre.

Mais peu de jours après, le capitaine Smith explorant la rivière dans un canot, fut soudain assailli et lié. On le mena parmi de terribles hurlements à une maison longue où il fut gardé par quarante sauvages. Les prêtres, ayant leurs yeux peints de rouge et leurs figures noires traversées par de grandes barres blanches, encerclèrent deux fois le feu de la maison de garde avec une traînée de farine et des grains de blé. Ensuite John Smith fut conduit dans la hutte du roi. Powhatan était vêtu de sa robe de fourrures et ceux qui se tenaient autour de lui avaient les cheveux décorés avec du duvet d'oiseau. Une femme apporta au capitaine de l'eau pour lui laver les mains, et une autre les lui essuya avec une touffe de plumes. Cependant deux géants rouges déposèrent deux pierres plates aux pieds de Powhatan. Et le roi leva la main, signifiant que John Smith allait être couché sur ces pierres et qu'on lui écraserait la tête à coups de massue.

Pocahontas n'avait que douze ans et avançait timidement la figure entre les conseillers barbouillés. Elle gémit, s'élança vers le capitaine et mit la tête contre sa joue. John Smith avait vingt-neuf ans. Il portait de grandes moustaches droites, la barbe en éventail, et sa face était aquiline. On lui dit que le nom de la fillette du roi, qui lui sauvait la vie, était Pocahontas. Mais ce n'était pas son vrai nom. Le roi Powhatan conclut la paix avec John Smith et le mit en liberté.

Un an plus tard, le capitaine Smith campait avec sa troupe dans la forêt fluviale. La nuit était épaisse ; une pluie pénétrante abattait tout bruit. Soudain, Pocahontas toucha l'épaule du capitaine. Elle avait traversé, seule, les affreuses ténèbres des bois. Elle lui chuchota que son père voulait attaquer les Anglais et les tuer pendant qu'ils seraient à souper. Elle le supplia de fuir, s'il tenait à vivre. Le capitaine Smith lui offrit des verreries et des rubans ; mais elle pleura et répondit qu'elle n'osait. Et elle s'enfuit, seule, dans la forêt.

L'année suivante, les colons mirent le capitaine Smith en disgrâce, et, en 1609, il fut embarqué pour l'Angleterre. Là, il composa des livres sur la Virginie, où il expliquait la situation des colons et racontait ses aventures. Vers 1612, un certain capitaine Argall, étant allé faire du commerce parmi les Potomacs (qui étaient le peuple du roi Powhatan), enleva par surprise la princesse Pocahontas et l'enferma dans un navire comme otage. Le roi, son père, s'indigna ; mais elle ne lui fut pas rendue. Ainsi elle languit prisonnière jusqu'au jour où un gentilhomme de bonne façon, John Rolfe, s'éprit d'elle et l'épousa. Ils furent mariés en avril 1613. On dit que Pocahontas avoua son amour à un de ses frères, qui vint la voir.

Elle arriva en Angleterre au mois de juin 1616, où il y eut, parmi les personnes de la société, grande curiosité pour la visiter. La bonne reine Anne l'accueillit tendrement et ordonna qu'on gravât son portrait.

Le capitaine John Smith, qui allait repartir pour la Virginie, vint lui faire sa cour avant de s'embarquer. Il ne l'avait pas vue depuis 1608. Elle avait vingt-deux ans. Lorsqu'il entra, elle détourna la tête et cacha sa figure, ne répondant ni à son mari, ni à ses amis, et demeura seule pendant deux ou trois heures. Puis elle demanda le capitaine. Alors elle leva les yeux, et lui dit :

– Vous aviez promis à Powhatan que ce qui serait à vous serait à lui, et il a fait de même ; étant étranger dans sa patrie, vous l'appeliez *père* ; étant étrangère dans la vôtre, je vous appellerai ainsi.

Le capitaine Smith s'excusa sur l'étiquette, parce qu'elle était fille de roi.

Elle reprit :

– Vous n'avez pas craint de venir au pays de mon père, et vous l'avez effrayé, lui et tous ses gens, – excepté moi : craindrez-vous donc qu'ici je ne vous appelle *mon père* ? Je vous dirai *mon père* et vous me direz *mon enfant*, et je serai pour toujours de la même patrie que vous... Ils m'avaient dit là-bas que vous étiez mort...

Et elle confia tout bas à John Smith que-son nom était Matoaka. Les Indiens, craignant qu'on s'emparât d'elle par maléfice, avaient donné aux étrangers le faux nom de Pocahontas.

John Smith partit pour la Virginie et ne revit jamais Matoaka. Elle tomba malade à Gravesend, au début de l'année suivante, pâlit et mourut. Elle n'avait pas vingt-trois ans.

Son portrait est entouré de cet exergue : *Matoaka alias Rebecca filia potentissimi principis Powhatani imperatoris Virginiæ*. La pauvre Matoaka avait un chapeau de feutre haut, à deux guirlandes de perles ; une grande collerette de dentelle roide, et elle tenait un éventail de plume. Elle avait le visage aminci, les pommettes longues et de grands yeux doux.

Cyril Tourneur
POÈTE TRAGIQUE

Cyril Tourneur naquit de l'union d'un dieu inconnu avec une prostituée. On trouve la preuve de son origine divine dans l'athéisme héroïque sous lequel il succomba. Sa mère lui transmit l'instinct de la révolution et de la luxure, la peur de la mort, le frémissement de la volupté et la haine des rois ; il tint de son père l'amour de se couronner, l'orgueil de régner, et la joie de créer ; tous deux lui donnèrent le goût de la nuit, de la lumière rouge et du sang.

La date de sa naissance est ignorée ; mais il parut dans une journée noire, sous une année pestilentielle. Aucune protection céleste ne veilla sur la fille amoureuse qui fut grosse d'un dieu, car elle eut le corps taché de la peste quelques jours avant d'accoucher, et la porte de sa petite maison fut marquée de la croix rouge. Cyril Tourneur vint au monde au son de la cloche de l'enterreur des morts ; et comme son père avait disparu dans le ciel commun des dieux, une charrette verte traîna sa mère à la fosse commune des hommes. On rapporte que les ténèbres étaient si profondes que l'enterreur dut éclairer l'ouverture de la maison pestiférée avec une torche de résine ; un autre chroniqueur assure que le brouillard sur la Tamise (où trempait le pied de la maison) se raya d'écarlate, et que de la gueule de la cloche d'appel s'échappa la voix des cynocéphales ; enfin, il paraît hors de doute qu'une étoile flambante et furieuse se manifesta au-dessus du triangle du toit, faite de rayons fuligineux, tordus, mal noués, et que l'enfant nouveau-né lui montra le poing par une lucarne, tandis qu'elle secouait sur lui ses boucles informes de feu. Ainsi entra Cyril Tourneur dans la vaste concavité de la nuit cimmérienne.

Il est impossible de découvrir ce qu'il pensa ou ce qu'il fit jusqu'à l'âge de trente ans, quels furent les symptômes de sa divinité latente, comment il se persuada de sa propre royauté. Une note obscure et effrayée contient la liste de ses blasphèmes. Il déclarait que Moïse n'avait été qu'un jongleur et qu'un nommé Heriots était plus habile que lui. Que le premier commencement de la religion n'était que de maintenir les hommes dans la terreur. Que le Christ méritait plutôt la mort que Barrabas, bien que Barrabas fût voleur et assassin. Que s'il entreprenait d'écrire une nouvelle religion, il l'établirait sur une méthode plus excellente et plus admirable, et que le Nouveau-Testament était d'un style répugnant. Qu'il avait autant de droit abattre monnaie que la Reine d'Angleterre, et qu'il connaissait un certain Poole, prisonnier à Newgate, fort expert au mélange des métaux, avec l'aide duquel il prétendait un jour frapper l'or à sa propre image. Une âme pieuse a barré sur le parchemin d'autres affirmations plus terribles.

Mais ces paroles furent recueillies par une personne vulgaire. Les gestes de Cyril Tourneur indiquent un athéisme plus vindicatif. On le représente vêtu d'une longue robe noire, portant sur la tête une glorieuse couronne à douze étoiles, le pied sur le globe céleste, élevant le globe terrestre dans sa main droite. Il parcourait les rues dans les nuits de peste et d'orage. Il était blême comme les cierges consacrés et ses yeux luisaient mollement comme des brûleurs d'encens. Certains affirment qu'il avait sur le flanc droit la marque d'un sceau extraordinaire ; mais il fut impossible de le vérifier après sa mort, puisque nul ne vit sa dépouille.

Il fit sa maîtresse d'une prostituée du Bankside, qui fréquentait les rues du bord de l'eau, et il l'aima uniquement. Elle était très jeune et sa figure était innocente et blonde. Les rougeurs y paraissaient comme des flammes vacillantes. Cyril Tourneur lui donna le nom de Rosamonde, et eut d'elle une fille qu'il aima. Rosamonde mourut tragiquement, ayant été remarquée par un prince. On sait qu'elle but dans une coupe transparente du poison couleur d'émeraude.

Ce fut alors que la vengeance dans l'âme de Cyril se mêla à l'orgueil. Nocturne, il parcourut le Mail, tout le long du cortège royal, secouant dans sa main une torche à crinière enflammée, afin d'éclairer le prince empoisonneur. La haine de toute autorité lui monta vers la bouche et aux mains. Il se fit épieur de grand-route, non pour voler, mais pour assassiner des rois. Les princes qui disparurent en ces temps furent illuminés par la torche de Cyril Tourneur et tués par lui.

Il s'embusquait sur les chemins de la reine, près des puits à gravier et des fours à chaux. Il choisissait sa victime dans la troupe, s'offrait à l'éclairer parmi les fondrières, la menait jusqu'à la gueule du puits, éteignait sa torche et précipitait. Le gravier pleuvait après la chute.

Ensuite Cyril, penché sur le bord, faisait tomber deux énormes pierres pour écraser les cris. Et, le reste de la nuit, il veillait le cadavre qui se consumait dans la chaux, près du four rouge sombre.

Quand Cyril Tourneur eut assouvi sa haine des rois, il fut étreint par la haine des dieux. L'aiguillon divin qu'il avait en lui l'excita à créer. Il songea qu'il pourrait fonder une génération dans son propre sang, et se propager comme dieu sur terre. Il regarda sa fille, et la trouva vierge et désirable. Pour accomplir son dessein à la face du ciel, il ne trouva point d'endroit plus significatif qu'un cimetière. Il jura de braver la mort et de créer une nouvelle humanité au milieu de la destruction fixée par les ordres divins. Entouré de vieux os, il voulut engendrer de jeunes os. Cyril Tourneur posséda sa fille sur le couvercle d'un charnier.

La fin de sa vie se perd dans un rayonnement obscur. On ne sait quelle main nous transmit la *Tragédie de l'Athée* et la *Tragédie du Vengeur*. Une tradition prétend que l'orgueil de Cyril Tourneur se haussa encore. Il fit élever un trône dans son jardin noir, et il avait coutume d'y siéger, couronné d'or, sous la foudre. Plusieurs le virent et s'enfuirent, terrifiés par les longues aigrettes bleuâtres qui voltigeaient au-dessus de sa tête. Il lisait un manuscrit des poèmes d'Empédocle, que personne n'a vu depuis. Il exprima souvent son admiration pour la mort d'Empédocle. Et l'année où il disparut fut de nouveau pestilentielle. Le peuple de Londres s'était retiré sur les barques amarrées au milieu de la Tamise. Un météore effrayant évolua sous la lune. C'était un globe de feu blanc, animé d'une sinistre rotation. Il se dirigea vers la maison de Cyril Tourneur, qui sembla peinte de reflets métalliques. L'homme vêtu de noir et couronné d'or attendait sur son trône la venue du météore. Il y eut, comme avant les batailles théâtrales, une alarme morne de trompettes. Cyril Tourneur fut enveloppé d'une lueur faite de sang rose volatilisé. Des trompettes, dressées dans la nuit, sonnèrent, comme au théâtre, une fanfare funèbre. Ainsi fut précipité Cyril Tourneur vers un dieu inconnu dans le taciturne tourbillonnement du ciel.

William Phips

PÊCHEUR DE TRÉSORS

William Phips naquit en 1651 près de l'embouchure de la rivière Kennebec, parmi les forêts fluviales où les constructeurs de navires venaient abattre leur bois. Dans un pauvre village du Maine il rêva, pour la première fois, une aventureuse fortune, à l'aspect du façonnage de planches marines. L'incertaine lueur de l'Océan qui bat la Nouvelle-Angleterre lui apporta le scintillement de l'or noyé et de l'argent étouffé sous les sables. Il crut à la richesse de la mer et désira l'obtenir. Il apprit à construire des bateaux, gagna une petite aisance et vint à Boston. Sa foi était si forte qu'il répétait : « Un jour, je commanderai un vaisseau du Roi et j'aurai une belle maison de briques à Boston, dans l'Avenue Verte. »

En ce temps gisaient au fond de l'Atlantique beaucoup de galions espagnols chargés d'or. Cette rumeur emplissait l'âme de William Phips. Il sut qu'un gros vaisseau avait coulé près de Port de la Plata ; il réunit tout ce qu'il possédait et partit pour Londres, afin d'équiper un navire. Il assiégea l'Amirauté de pétitions et de placets. On lui donna la *Rose-d'Alger*, qui portait dix-huit canons, et, en 1687, il fit voile vers l'inconnu. Il avait trente-six ans.

Quatre-vingt-quinze hommes partaient à bord de la *Rose-d'Alger*, parmi lesquels un premier maître, Adderley, de Providence. Lorsqu'ils surent que Phips se dirigeait vers Hispaniola, ils ne se tinrent pas de joie. Car Hispaniola était l'île des pirates, et la *Rose d'Alger* leur semblait un bon navire. Et d'abord, sur une petite terre sablonneuse de l'archipel, ils s'assemblèrent en conseil pour se faire gentilshommes de fortune. Phips, à l'avant de la *Rose-d'Alger*, épiait la mer. Cependant il y avait une avarie à la carène. Pendant que le charpentier la réparait, il entendit le complot. Il courut à la cabine du capitaine. Phips lui ordonna de charger les canons, les braqua sur l'équipage révolté à terre, laissa tous ses hommes « marrons » dans ce repaire désert, et repartit avec quelques matelots dévoués. Le maître de Providence, Adderley, regagna la *Rose-d'Alger* à la nage.

On toucha Hispaniola par une mer calme, sous un soleil brûlant. Phips s'enquit sur toutes les grèves du vaisseau qui avait sombré plus d'un demi-siècle auparavant, en vue de Port de la Plata. Un vieil Espagnol s'en souvenait et lui désigna le récif. C'était un écueil allongé, arrondi, dont les pentes disparaissaient dans l'eau claire jusqu'au tremblement le plus profond. Adderley, penché sur le bastingage, riait en regardant les petits remous des vagues. La *Rose-d'Alger* fit lentement le tour du récif, et tous les hommes examinaient en vain la mer transparente. Phips frappait du pied sur le gaillard d'avant, parmi les dragues et les crochets. Encore une fois, la *Rose-d'Alger* fit le tour du récif, et partout le sol paraissait semblable, avec ses sillons concentriques de sable humide et les bouquets d'algues inclinées qui frémissaient sous les courants. Quand la *Rose-d'Alger* commença son troisième tour le soleil s'enfonça et la mer devint noire.

Puis elle fut phosphorescente. « Voilà les trésors ! » criait Adderley dans la nuit, le doigt tendu vers l'or fumeux des vagues. Mais l'aurore chaude se leva sur l'Océan tranquille et clair, tandis que la *Rose d'Alger* parcourait toujours le même orbe. Et durant huit jours, elle croisa ainsi. Les yeux des hommes étaient brouillés à force de scruter la limpidité de la mer. Phips n'avait plus de provisions. Il fallait partir. L'ordre fut donné, et la *Rose-d'Alger* se mit à virer. Alors Adderley aperçut à un flanc du récif une belle algue blanche qui vacillait, et en eut envie. Un Indien plongea et l'arracha. Il la rapporta, pendant toute droite. Elle était très lourde, et ses racines entortillées paraissaient étreindre un galet. Adderley la soupesa, et frappa les racines sur le pont pour la débarrasser de son poids. Quelque chose d'étincelant roula sous le soleil. Phips poussa un cri. C'était un lingot d'argent qui valait bien 300 livres. Adderley balançait stupidement l'algue blanche. Tous les Indiens plongèrent aussitôt. En quelques heures, le tillac fut couvert de sacs durs, pétrifiés, incrustés de calcaire et revêtus de petits coquillages. On les éventra avec des ciseaux à froid et des marteaux ; et hors des trous s'échappèrent des lingots d'or et d'argent, et des pièces de huit. « Dieu soit loué ! s'écria Phips, notre fortune est faite ! » Le trésor valait trois cent mille livres sterling. Adderley répétait : « Et tout cela est sorti de la racine d'une petite algue blanche ! » Il mourut fou, aux Bermudes, quelques jours après, en balbutiant ces mots.

Phips convoya son trésor. Le roi d'Angleterre fit de lui sir William Phips, et le nomma High Sheriff à Boston. Là il tint sa chimère et se fit bâtir une belle maison de briques rouges dans l'Avenue Verte. Il devint un homme considérable. Ce fut lui qui commanda la campagne contre les possessions françaises, et il prit l'Acadie sur M. de Meneval et le chevalier de Villebon. Le roi le nomma gouverneur de Massachusetts, capitaine général du Maine et de la Nouvelle-Écosse. Ses coffres étaient remplis d'or. Il entreprit l'attaque de Québec, après avoir levé tout l'argent disponible à Boston. L'entreprise manqua et la colonie fut ruinée. Alors Phips émit du papier-monnaie. Afin de hausser sa valeur, il échangea contre ce papier tout son or liquide. Mais la fortune avait tourné. Le cours du papier baissa. Phips perdit tout, demeura pauvre, endetté, et ses ennemis le guettaient. Sa prospérité n'avait duré que huit ans. Il partit pour Londres, misérable, et, comme il débarquait, il fut arrêté pour 20 000 livres, à la requête de Dudley et Brenton. Les sergents le transportèrent à la prison de Fleet.

Sir William Phips fut enfermé dans une cellule nue. Il n'avait gardé que le lingot d'argent qui lui avait donné sa gloire, le lingot de l'algue blanche. Il était harassé de fièvre et de désespoir. La mort le prit à la gorge. Il se débattit. Même là, il fut hanté par son rêve de trésors. Le galion du gouverneur espagnol Bobadilla, chargé d'or et d'argent, avait sombré près de Bahamas. Phips envoya chercher le maître de la prison. La fièvre et l'espoir furieux l'avaient décharné. Il présenta au maître le lingot d'argent dans sa main sèche et murmura dans son râle :

– Laissez-moi plonger ; voici un des lingots de Bo-ba-dil-la.

Puis il expira. Le lingot de l'algue blanche paya son cercueil.

Le Capitaine Kid

PIRATE

On ne s'accorde point sur la raison qui fit donner à ce pirate le nom du chevreau (*Kid*). L'acte par lequel Guillaume III, roi d'Angleterre, l'investit de sa commission sur la galère l'*Aventure*, en 1695, commence par les mots : « À notre féal et bien-aimé capitaine William Kid, commandant, etc. Salut. » Mais il est certain que, dès lors, c'était un nom de guerre. Les uns disent qu'il avait coutume, étant élégant et raffiné, de porter toujours, au combat et à la manœuvre, de délicats gants de chevreau à revers en dentelle de Flandres ; d'autres assurent que dans ses pires tueries, il s'écriait : « Moi qui suis doux et bon comme un chevreau nouveau-né » ; d'autres encore prétendent qu'il enfermait l'or et les joyaux dans des sacs très souples, faits de peau de jeune chèvre, et que l'usage lui en vint du jour où il pilla un vaisseau chargé de vif-argent dont il emplit mille poches de cuir, qui sont encore enterrées au flanc d'une petite colline dans les îles Barbades. Il suffit de savoir que son pavillon de soie noire était brodé d'une tête de mort et d'une tête de chevreau, et que son cachet était gravé de même. Ceux qui cherchent les nombreux trésors qu'il cacha sur les côtes des continents d'Asie et d'Amérique, font marcher devant eux un petit chevreau noir, qui doit gémir à l'endroit où le capitaine enfouit son butin ; mais aucun n'a réussi. Barbe-Noire lui-même, qui avait été renseigné par un ancien matelot de Kid, Gabriel Loff, ne trouva dans les dunes, sur lesquelles est bâti aujourd'hui Fort Providence, que des gouttes éparses de vif-argent suintant à travers les sables. Et toutes ces fouilles sont inutiles, car le capitaine Kid déclara que ses cachettes resteraient éternellement inconnues à cause de « l'homme au baquet sanglant ». Kid, en effet, fut hanté par cet homme pendant toute sa vie, et les trésors de Kid sont hantés et défendus par lui, depuis sa mort.

Lord Bellamont, gouverneur des Barbades, irrité par l'énorme butin des pirates dans les Indes Occidentales, équipa la galère l'*Aventure*, et obtint du roi, pour le capitaine Kid, la commission de commandant.

Depuis longtemps Kid était jaloux du fameux Ireland, qui pillait tous les convois ; il promit à lord Bellamont de prendre sa chaloupe et de le ramener avec ses compagnons pour les faire exécuter. *L'Aventure* portait trente canons et cent cinquante hommes. D'abord Kid toucha Madère et s'y fournit de vin ; puis Bonavist, pour y embarquer du sel ; enfin, Saint-Iago, où il s'approvisionna complètement. Et de là il fit voile vers l'entrée de la Mer Rouge, où, dans le Golfe Persique, il y a un endroit d'une petite île qui se nomme la Clef de Bab.

C'est là que le capitaine Kid réunit ses compagnons et leur fit bisser le pavillon noir à tête de mort. Ils jurèrent tous, sur la bâche, obéissance absolue aux règlements des pirates. Chaque homme avait droit au vote, et titre égal aux provisions fraîches et liqueurs fortes. Les jeux de cartes et de dés étaient interdits. Les lumières et chandelles devaient être éteintes à huit heures du soir. Si un homme voulait boire plus tard, il buvait sur le pont, dans la nuit, à ciel ouvert. La compagnie ne recevrait ni femme ni jeune garçon. Celui qui en introduirait sous déguisement serait puni de mort. Les canons, pistolets et coutelas devaient être entretenus et astiqués. Les querelles se videraient à terre, au sabre et au pistolet. Le capitaine et le quartier-maître auraient droit à deux parts ; le maître, le bosseman et le canonnier, à une et demie ; les autres officiers à une un quart. Repos pour les musiciens le jour du Sabbat.

Le premier navire qu'ils rencontrèrent était hollandais, commandé par le Schipper Mitchel. Kid hissa le pavillon français et donna la chasse. Le navire montra aussitôt les couleurs françaises ; sur quoi le pirate héla en français. Le Schipper avait un Français à bord, qui répondit. Kid lui demanda s'il avait un passeport. Le Français dit que oui : « Eh bien, par Dieu, répondit Kid, en vertu de votre passeport, je vous prends pour capitaine de ce navire. » Et aussitôt, il le fit pendre à la vergue. Puis il fit venir les Hollandais un à un. Il les interrogea, et, feignant de ne point entendre le flamand, ordonna pour chaque prisonnier : « Français – la planche ! » On attacha une planche au bout-dehors. Tous les Hollandais coururent dessus, nus, devant la pointe du coutelas du bosseman, et sautèrent dans la mer.

À cet instant, le canonnier du capitaine Kid, Moor, éleva la voix : « Capitaine, cria-t-il, pourquoi tuez-vous ces hommes ? » Moor était ivre. Le capitaine se retourna, et, saisissant un baquet, le lui asséna sur la tête. Moor tomba, le crâne fendu. Le capitaine Kid fit laver le baquet, auquel les cheveux s'étaient collés, avec du sang caillé. Aucun homme de l'équipage ne voulut plus y tremper le faubert. On laissa le baquet attaché au bastingage.

De ce jour, le capitaine Kid fut hanté par l'homme au baquet. Quand il prit le vaisseau maure *Queda*, monté par des Indous et des Arméniens, avec dix mille livres d'or, au partage du butin l'homme au baquet sanglant était assis sur les ducats. Kid le vit bien et jura. Il descendit à sa cabine et vida une tasse de bombou. Puis, de retour sur le pont, il fit jeter l'ancien baquet à la mer. À l'abordage du riche vaisseau marchand le *Mocco*, on ne trouva pas de quoi mesurer les parts de poudre d'or du capitaine. « Plein un baquet » dit une voix derrière l'épaule de Kid. Il trancha l'air de son coutelas et essuya ses lèvres, qui écumaient. Puis il fit pendre les Arméniens. Les hommes de l'équipage semblaient n'avoir rien entendu. Lorsque Kid attaqua l'*Hirondelle*, il s'étendit sur sa couchette après le partage. Quand il se réveilla, il se sentit trempé de sueur, et appela un matelot pour lui demander de quoi se laver. L'homme lui apporta de l'eau dans une cuvette d'étain. Kid le regarda fixement et hurla : « Est-ce là te conduire en gentilhomme de fortune ? Misérable ! tu m'apportes un baquet plein de sang ! » Le matelot s'enfuit. Kid le fit débarquer et abandonner marron, avec un fusil, une bouteille de poudre et une bouteille d'eau. Il n'eut point d'autre raison pour enterrer son butin en différents lieux solitaires, parmi les sables, que la persuasion où il était que toutes les nuits le canonnier assassiné venait vider la soute à or avec son baquet pour jeter les richesses à la mer.

Kid se fit prendre au large de New-York. Lord Bellamont l'envoya à Londres. Il fut condamné à la potence. On le pendit sur le quai de l'Exécution, avec son habit rouge et ses gants. Au moment où le bourreau lui enfonça sur les yeux le bonnet noir, le capitaine Kid se débattit et cria : « Sacredieu ! je savais bien qu'il me mettrait son baquet sur la tête ! » Le cadavre noirci resta accroché dans les chaînes pendant plus de vingt ans.

Walter Kennedy
PIRATE ILLETTRÉ

Le capitaine Kennedy était Irlandais et ne savait ni lire, ni écrire. Il parvint au grade de lieutenant, sous le grand Roberts, pour le talent qu'il avait dans la torture. Il possédait parfaitement l'art de tordre une mèche autour du front d'un prisonnier, jusqu'à lui faire sortir les yeux, ou de lui caresser la figure avec des feuilles de palmier enflammées. Sa réputation fut consacrée au jugement qui fut fait, à bord le *Corsaire*, de Darby Mullin, soupçonné de trahison. Les juges s'assirent contre l'habitacle du timonier, devant un grand bol de punch, avec des pipes et du tabac ; puis le procès commença. On allait voter sur la sentence, quand un des juges proposa de fumer encore une pipe avant la délibération. Alors Kennedy se leva, tira sa pipe de sa bouche, cracha, et parla en ces termes :

– Sacredieu ! messieurs et gentilshommes de fortune, le diable m'emporte si nous ne pendons pas Darby Mullin, mon vieux camarade. Darby est un bon garçon, sacredieu ! jeanfoutre qui dirait le contraire, et nous sommes gentilshommes, diable ! On a soucqué ensemble, sacredieu ! et je l'aime de tout mon cœur, foutre ! Messieurs et gentilshommes de fortune, je le connais bien ; c'est un vrai bougre ; s'il vit, il ne se repentira jamais ; le diable m'emporte s'il se repent, n'est-ce pas, mon vieux Darby ? Pendons-le, sacredieu ! et, avec la permission de l'honorable compagnie, je vais boire un bon coup à sa santé.

Ce discours parut admirable et digne des plus belles oraisons militaires qui sont rapportées par les anciens. Roberts fut enchanté. De ce jour, Kennedy prit de l'ambition. Au large des Barbades, Roberts s'étant égaré dans une chaloupe à la poursuite d'un vaisseau portugais, Kennedy força ses compagnons à l'élire capitaine du *Corsaire*, et fit voile à son compte. Ils coulèrent et pillèrent nombre de brigantines et galères, chargées de sucre et de tabac du Brésil, sans compter la poudre d'or, et les sacs pleins de doublons et de pièces de huit. Leur drapeau était de soie noire, avec une tête de mort, un sablier, deux os croisés, et au-dessous un cœur surmonté d'un dard, d'où tombaient trois gouttes de sang. En cet équipage, ils rencontrèrent une chaloupe bien paisible de Virginie, dont le capitaine, était un Quaker pieux, nommé Knot. Cet homme de Dieu n'avait à son bord ni rhum, ni pistolet, ni sabre, ni couteau ; il était vêtu d'un long habit noir, et coiffé d'un chapeau à larges bords de couleur pareille.

– Sacredieu ! dit le capitaine Kennedy, c'est un bon vivant, et gai ; voilà ce que j'aime ; on ne fera pas de mal à mon ami, Monsieur le capitaine Knot, qui est habillé de façon si réjouissante.

M. Knot s'inclina, en faisant des momeries silencieuses.

– Amen, dit M. Knot. Ainsi soit-il.

Les pirates firent des cadeaux à M. Knot. Ils lui offrirent trente moidores, dix rouleaux de tabac du Brésil, et des sachets d'émeraudes. M. Knot prit très bien les moidores, les pierres précieuses et le tabac.

– Ce sont des présents qu'il est permis d'accepter, pour en faire un usage pieux. Ah ! plût au ciel que nos amis, qui sillonnent la mer, fussent tous animés de semblables sentiments ! Le Seigneur accepte toutes les restitutions. Ce sont, pour ainsi dire, les membres du veau, et les parties de l'idole Dagon, que vous lui offrez, mes amis, en sacrifice. Dagon règne encore dans ces pays profanes, et son or donne de mauvaises tentations.

– Bougre de Dagon, dit Kennedy, tais ta gueule, sacredieu ! prends ce qu'on te donne, et bois un coup.

Alors, M. Knot s'inclina paisiblement : mais il refusa son quart de rhum.

– Messieurs mes amis, dit-il…

– Gentilshommes de fortune, sacredieu ! cria Kennedy.

– Messieurs mes amis gentilshommes, reprit M. Knot, les liqueurs fortes sont, pour ainsi dire, des aiguillons de tentation que notre faible chair ne saurait point supporter. Vous autres, mes amis…

– Gentilshommes de fortune, sacredieu ! cria Kennedy.

– Vous autres, mes amis et fortunés gentilshommes, reprit M. Knot, qui êtes endurcis par de longues épreuves contre le Tentateur, il est possible, probable, dirai-je, que vous n'en souffrez point d'inconvénient ; mais vos amis seraient incommodés, gravement incommodés…

– Incommodés au diable ! dit Kennedy. Cet homme parle admirablement, mais je bois mieux. Il nous mènera en Caroline voir ses excellents amis qui possèdent sans doute d'autres membres du veau qu'il dit. N'est-ce pas, Monsieur le capitaine Dagon ?

– Ainsi soit-il, dit le Quaker, mais Knot est mon nom.

Et il s'inclina encore. Les grands bords de son chapeau tremblaient sous le vent.

Le *Corsaire* jeta l'ancre dans une crique favorite de l'homme de Dieu. Il promit d'amener ses amis, et revint, en effet, le soir même, avec une compagnie de soldats envoyés par M. Spotswood, gouverneur de la Caroline. L'homme de Dieu jura à ses amis, les fortunés gentilshommes, que ce n'était qu'à l'effet de les empêcher d'introduire en ces pays profanes leurs tentatrices liqueurs. Et quand les pirates furent arrêtés :

– Ah ! mes amis, dit M. Knot, acceptez toutes les mortifications, ainsi que je l'ai fait.

– Sacredieu ! mortification est le mot, jura Kennedy.

Il fut mis aux fers à bord d'un transport pour être jugé à Londres. Old Bailey le reçut. Il fit des croix sur tous ses interrogatoires, et y posa la même marque que sur ses quittances de prise. Son dernier discours fut prononcé sur le quai de l'Exécution, où la brise de mer ballottait les cadavres d'anciens gentilshommes de fortune, pendus dans leurs chaînes.

– Sacredieu ! c'est bien de l'honneur, dit Kennedy en regardant les pendus. Ils vont m'accrocher à côté du capitaine Kid. Il n'a plus d'yeux, mais cela doit bien être lui. Il n'y avait que lui pour porter un si riche habit de drap cramoisi. Kid a toujours été un homme élégant. Et il écrivait ! Il connaissait ses lettres, foutre ! Une si belle main ! Excuse, capitaine. (Il salua le corps sec en habit cramoisi). Mais on a été aussi gentilhomme de fortune.

Le Major Stede Bonnet

PIRATE PAR HUMEUR

Le Major Stede Bonnet était un gentilhomme retraité de l'armée qui vivait sur ses plantages, dans l'île de Barbados, vers 1715. Ses champs de cannes à sucre et de caféiers lui donnaient des revenus, et il fumait avec plaisir du tabac qu'il cultivait lui-même. Ayant été marié, il n'avait point été heureux en ménage, et on disait que sa femme lui avait tourné la cervelle. En effet sa manie ne le prit guère qu'après la quarantaine, et d'abord ses voisins et ses domestiques y cédèrent innocemment.

La manie du Major Stede Bonnet fut telle. En toute occasion, il commença de déprécier la tactique terrestre et de louer la marine. Les seuls noms qu'il eût à la bouche étaient ceux d'Avery, de Charles Vane, de Benjamin Hornigold et d'Edward Teach. C'étaient, selon lui, de hardis navigateurs et des hommes d'entreprise. Ils écumaient dans ce temps la mer des Antilles. S'il advenait qu'on les nommât pirates devant le major, celui-ci s'écriait :

– Loué donc soit Dieu pour avoir permis à ces pirates, comme vous dites, de donner l'exemple de la vie franche et commune que menaient nos aïeux. Lors il n'y avait point de possesseurs de richesses, ni de gardiens de femmes, ni d'esclaves pour fournir le sucre, le coton ou l'indigo ; mais un dieu généreux dispensait toutes choses et chacun en recevait sa part. Voilà pourquoi j'admire extrêmement les hommes libres qui partagent les biens entre eux et mènent ensemble la vie des compagnons de fortune.

Parcourant ses plantages, le Major frappait souvent l'épaule d'un travailleur :

– Et ne ferais-tu pas mieux, imbécile, d'arrimer dans quelque flûte ou brigantine les ballots de la misérable plante sur les pousses de laquelle tu verses ici ta sueur ?

Presque tous les soirs, le major réunissait ses serviteurs sous les appentis à grains, où il leur lisait, à la chandelle, tandis que des mouches de couleur bruissaient autour, les grandes actions des pirates d'Hispaniola et de l'île de la Tortue. Car des feuilles volantes avertissaient de leurs rapines les villages et les fermes.

– Excellent Vane ! s'écriait le Major. Brave Hornigold, véritable corne d'abondance emplie d'or ! Sublime Avery, chargé des joyaux du grand Mogol et roi de Madagascar ! Amirable Teach, qui as su gouverner successivement quatorze femmes et t'en débarrasser, et qui as imaginé de livrer tous les soirs la dernière (elle n'a que seize ans) à tes meilleurs compagnons (par pure générosité, grandeur d'âme et science du monde) dans ta bonne île d'Okerecok ! Ô qu'heureux serait celui qui suivrait votre sillage, celui qui boirait son rhum avec toi, Barbe-Noire, maître de *la Revanche de la Reine Anne* !

Tous discours que les domestiques du Major écoutaient avec surprise et en silence ; et les paroles du Major n'étaient interrompues que par le léger bruit mat des petits lézards, à mesure qu'ils tombaient du toit, la frayeur relâchant les ventouses de leurs pattes. Puis le Major, abritant la chandelle de la main, traçait de sa canne parmi les feuilles de tabac toutes les manœuvres navales de ces grands capitaines et menaçait de la *loi de Moïse* (c'est ainsi que les pirates nomment une bastonnade de quarante coups) quiconque ne comprendrait point la finesse des évolutions tactiques propres à la flibuste.

Finalement le Major Stede Bonnet ne put y résister davantage ; et, ayant acheté une vieille chaloupe de dix pièces de canon, il l'équipa de tout ce qui convenait à la piraterie comme coutelas, arquebuses, échelles, planches, grappins, haches, Bibles (pour prêter serment), pipes de rhum, lanternes, suie à noircir le visage, poix, mèches à faire brûler entre les doigts des riches marchands et force drapeaux noirs à tête de mort blanche, avec deux fémurs croisés et le nom du vaisseau : *la Revanche*. Puis, il fit monter soudain à bord soixante-dix de ses domestiques et prit la mer, de nuit, droit à l'Ouest, rasant Saint-Vincent, pour doubler le Yucatan et écumer toutes les côtes jusqu'à Savannah (où il n'arriva point).

Le Major Stede Bonnet ne connaissait rien aux choses de la mer. Il commença donc à perdre la tête entre la boussole et l'astrolabe, brouillant artimon avec artillerie, misaine avec dizaine, bout-dehors avec boute-selle, lumières de caronade avec lumières de canon, écoutille avec écouvillon, commandant de charger pour carguer, bref, tant agité par le tumulte des mots inconnus et le mouvement inusité de la mer, qu'il pensa regagner la terre de Barbados, si le glorieux désir de hisser le drapeau noir à la vue du premier vaisseau ne l'eût maintenu dans son dessein. Il n'avait embarqué nulles provisions, comptant sur son pillage. Mais la première nuit on n'aperçut pas les feux de la moindre flûte. Le Major Stede Bonnet décida donc qu'il faudrait attaquer un village.

Ayant rangé tous ses hommes sur le pont, il leur distribua des coutelas neufs et les exhorta à la plus grande férocité ; puis fit apporter un baquet de suie dont il se noircit lui-même le visage, en leur ordonnant de l'imiter, ce qu'ils firent non sans gaieté.

Enfin, jugeant d'après ses souvenirs qu'il convenait de stimuler son équipage avec quelque boisson coutumière aux pirates, il leur fit avaler à chacun une pinte de rhum mêlée de poudre (n'ayant point de vin qui est l'ingrédient ordinaire en piraterie). Les domestiques du Major obéirent ; mais, contrairement aux usages, leur figure ne s'enflamma pas de fureur. Ils s'avancèrent avec assez d'ensemble à bâbord et à tribord, et, penchant leurs faces noires sur les bastingages, offrirent cette mixture à la mer scélérate. Après quoi, *la Revanche* étant à peu près échouée sur la côte de Saint-Vincent, ils débarquèrent en chancelant.

L'heure était matinale, et les visages étonnés des villageois n'excitaient point à la colère. Le cœur du Major lui-même n'était pas disposé à des hurlements. Il fit donc fièrement l'emplette de riz et de légumes secs avec du porc salé, lesquels il paya (en façon de pirate et fort noblement, lui sembla-t-il) avec deux barriques de rhum et un vieux câble. Après quoi, les hommes réussirent péniblement à remettre *la Revanche* à flot ; et le Major Stede Bonnet, enflé de sa première conquête, reprit la mer.

Il fit voile tout le jour et toute la nuit, ne sachant point de quel vent il était poussé. Vers l'aube du second jour, s'étant assoupi contre l'habitacle du timonier, fort gêné de son coutelas et de son espingole, le Major Stede Bonnet fut éveillé par le cri :

– Ohé de la chaloupe !

Et il aperçut à une encablure le bout-dehors d'un vaisseau qui se balançait. Un homme très barbu était à la proue. Un petit drapeau noir flottait au mât.

– Hisse notre pavillon de mort ! s'écria le Major Stede Bonnet.

Et, se souvenant que son titre était d'armée de terre, il décida sur le champ de prendre un autre nom, suivant d'illustres exemples. Sans aucun retard, il répondit donc :

– Chaloupe *la Revanche*, commandée par moi, capitaine Thomas, avec mes compagnons de fortune.

Sur quoi l'homme barbu se mit à rire :

– Bien rencontré, compagnon, dit-il. Nous pourrons voguer de conserve. Et venez boire un peu de rhum à bord de *la Revanche de la Reine Anne*.

Le Major Stede Bonnet comprit de suite qu'il avait rencontré le capitaine Teach, Barbe-Noire, le plus fameux de ceux qu'il admirait. Mais sa joie fut moins grande qu'il ne l'eût pensé. Il eut le sentiment qu'il allait perdre sa liberté de pirate. Taciturne, il passa sur le bord du vaisseau de Teach, qui le reçut avec beaucoup de grâce, le verre en main.

– Compagnon, dit Barbe-Noire, tu me plais infiniment. Mais tu navigues avec imprudence. Et, si tu m'en crois, capitaine Thomas, tu demeureras dans notre bon vaisseau, et je ferai diriger ta chaloupe par ce brave homme très expérimenté qui s'appelle Richards ; et sur le vaisseau de Barbe-Noire tu auras tout loisir de profiter en la liberté d'existence des gentilshommes de fortune.

Le Major Stede Bonnet n'osa refuser. On le débarrassa de son coutelas et de son espingole. Il prêta serment sur la hache (car Barbe-Noire ne pouvait supporter la vue d'une Bible) et on lui assigna sa ration de biscuit et de rhum, avec sa part des prises futures. Le Major ne s'était point imaginé que la vie des pirates fût aussi réglementée. Il subit les fureurs de Barbe-Noire et les affres de la navigation. Étant parti de Barbados en gentilhomme, afin d'être pirate à sa fantaisie, il fut ainsi contraint de devenir véritablement pirate sur *la Revanche de la Reine Anne*.

Il mena cette vie pendant trois mois, durant lesquels il assista son maître dans treize prises, puis trouva moyen de repasser sur sa propre chaloupe, *la Revanche*, sous le commandement de Richards. En quoi il fut prudent, car la nuit suivante, Barbe-Noire fut attaqué à l'entrée de son île d'Okerecok par le lieutenant Maynard, qui arrivait de Bathtown. Barbe-Noire fut tué dans le combat, et le lieutenant ordonna qu'on lui coupât la tête et qu'on l'attachât au bout de son beaupré ; ce qui fut fait.

Cependant, le pauvre capitaine Thomas s'enfuit vers la Caroline du Sud et naviga tristement encore plusieurs semaines. Le gouverneur de Charlestown, averti de son passage, délégua le colonel Rhet pour s'emparer de lui à l'île de Sullivans. Le capitaine Thomas se laissa prendre. Il fut mené à Charlestown en grande pompe, sous le nom de Major Stede Bonnet, qu'il réassuma sitôt qu'il le put. Il fut mis en geôle jusqu'au 10 novembre 1718, où il comparut devant la cour de la vice-amirauté. Le chef de la justice, Nicolas Trot, le condamna à mort par le très beau discours que voici :

– Major Stede Bonnet, vous êtes convaincu de deux accusations de piraterie : mais vous savez que vous avez pillé au moins treize vaisseaux. En sorte que vous pourriez être accusé de onze chefs de plus ; mais deux nous suffiront (dit NicolasTrot), car ils sont contraires à la loi divine qui ordonne : *Tu ne déroberas point* (Exod. 20, 15) et l'apôtre saint Paul déclare expressément *que les larrons n'hériteront point le Royaume de Dieu* (I. Cor. 6, 10). Mais encore êtes-vous coupable d'homicide : et les assassins (dit Nicolas Trot) *auront leur part dans l'étang ardent de feu et de soufre qui est la seconde mort* (Apoc. 21, 8). Et qui donc (dit Nicolas Trot) pourra *séjourner avec les ardeurs éternelles* ? (Esaï. 33, 14). Ah ! Major Stede Bonnet, j'ai juste raison de craindre que les principes de la religion dont on a imbu votre jeunesse (dit Nicolas Trot) ne soient très corrompus par votre mauvaise vie et par votre trop grande application à la littérature et à la vaine philosophie de ce temps ; car *si votre plaisir eût été en la loi de l'Éternel* (dit Nicolas Trot) *et que vous l'eussiez méditée nuit et jour* (Psal. 1, 2,) vous auriez trouvé que *la parole de Dieu était une lampe à vos pieds et une lumière à vos sentiers* (Psal 119, 105). Mais ainsi n'avez-vous fait. Il ne vous reste donc qu'à vous fier sur l'*Agneau de Dieu* (dit Nicolas Trot) *qui ôte le péché du monde* (Jean. 1, 29) *qui est venu pour sauver ce qui était perdu* (Mathieu. 18, 11), et a promis *qu'il ne jettera point dehors celui qui viendra à lui* (Jean. 6, 37). En sorte que si vous voulez retourner à lui, quoique tard (dit Nicolas Trot), comme les ouvriers de la onzième heure dans la parabole des vignerons (Mathieu. 20, 6, 9), il pourra encore vous recevoir. Cependant la cour prononce (dit Nicolas Trot) que vous serez conduit au lieu de l'exécution où vous serez pendu par le col jusqu'à ce que mort s'ensuive.

Le Major Stede Bonnet, ayant écouté avec componction le discours du chef de la justice, Nicolas Trot, fut pendu le même jour à Charlestown comme larron et pirate.

MM. Burke et Hare

ASSASSINS

M. William, Burke s'éleva de la condition la plus basse à une renommée éternelle. Il naquit en Irlande et débuta comme cordonnier. Il exerça ce métier pendant plusieurs années à Édimbourg, où il fit son ami de M. Hare sur lequel il eut une grande influence. Dans la collaboration de MM. Burke et Hare, il n'y a point de doute que la puissance inventive et simplificatrice n'ait appartenu à M. Burke. Mais leurs noms restent inséparables dans l'art comme ceux de Beaumont et Fletcher. Ils vécurent ensemble, travaillèrent ensemble et furent pris ensemble. M. Hare ne protesta jamais contre la faveur populaire qui s'attacha particulièrement à la personne de M. Burke. Un si complet désintéressement n'a pas reçu sa récompense. C'est M. Burke qui a légué son nom au procédé spécial qui mit les deux collaborateurs en honneur. Le monosyllabe *burke* vivra longtemps, encore sur les lèvres des hommes, que déjà la personne de Hare aura disparu dans l'oubli qui se répand injustement sur les travailleurs obscurs.

M. Burke paraît avoir apporté dans son œuvre la fantaisie féerique de l'île verte où il était né. Son âme dut être trempée des récits du folklore. Il y a, dans ce qu'il a fait, comme un lointain relent des *Mille et une Nuits*. Semblable au calife errant le long des jardins nocturnes de Bagdad, il désira de mystérieuses aventures, étant curieux de récits inconnus et de personnes étrangères. Semblable au grand esclave noir armé d'un lourd cimeterre, il ne trouva point de plus digne conclusion à sa volupté que la mort pour les autres. Mais son originalité anglo-saxonne consista en ce qu'il réussit à tirer le parti le plus pratique de ses rôderies d'imagination de Celte. Quand sa jouissance artistique était terminée, que faisait l'esclave noir, je vous prie, de ceux à qui il avait coupé la tête ? Avec une barbarie tout arabe il les dépeçait en quartiers pour les conserver, salés, dans un sous-sol. Quel profit en tirait-il ? Aucun. M. Burke fut infiniment supérieur.

En quelque façon, M. Hare lui servit de Dinarzade. Il semble que le pouvoir d'invention de M. Burke ait été spécialement excité par la présence de son ami. L'illusion de leurs rêves leur permit de se servir d'un galetas pour y loger de pompeuses visions. M. Hare vivait dans un petit cabinet, au sixième étage d'une haute maison très peuplée d'Édimbourg. Un canapé, une grande caisse et quelques ustensiles de toilette, sans doute, en composaient presque tout le mobilier. Sur une petite table, une bouteille de whisky avec trois verres. De règle, M. Burke ne recevait qu'une personne à la fois, jamais la même. Sa façon était d'inviter un passant inconnu, à la nuit tombante. Il errait dans les rues pour examiner les visages qui lui donnaient de la curiosité. Quelquefois il choisissait au hasard. Il s'adressait à l'étranger avec toute la politesse qu'aurait pu y mettre Haroun-Al-Raschid. L'étranger gravissait les six étages du galetas de M. Hare. On lui cédait le canapé ; on lui offrait du whisky d'Écosse à boire. M. Burke le questionnait sur les incidents les plus surprenants de son existence. C'était un écouteur insatiable que M. Burke. Le récit était toujours interrompu par M. Hare, avant le point du jour. La forme d'interruption de M. Hare était invariablement la même et très impérative. Pour interrompre le récit, M. Hare avait coutume de passer derrière le canapé et d'appliquer ses deux mains sur la bouche du conteur. Au même moment, M. Burke venait s'asseoir sur sa poitrine. Tous deux, en cette position, rêvaient, immobiles, à la fin de l'histoire qu'ils n'entendaient jamais. De cette manière, MM. Burke et Hare terminèrent un grand nombre d'histoires que le monde ne connaîtra point.

Quand le conte était définitivement arrêté, avec le souffle du conteur, MM. Burke et Hare exploraient le mystère. Ils déshabillaient l'inconnu, admiraient ses bijoux, comptaient son argent, lisaient ses lettres. Quelques correspondances ne furent pas sans intérêt. Puis ils mettaient le corps à refroidir dans la grande caisse de M. Hare. Et ici, M. Burke montrait la force pratique de son esprit.

Il importait que le cadavre fût frais, mais non tiède, afin de pouvoir utiliser jusqu'au déchet du plaisir de l'aventure.

En ces premières années du siècle, les médecins étudiaient avec passion l'anatomie ; mais, à cause des principes de la religion, ils éprouvaient beaucoup de difficulté à se procurer des sujets pour les disséquer. M. Burke, en esprit éclairé, s'était rendu compte de cette lacune de la science. On ne sait comment il se lia avec un vénérable et savant praticien, le docteur Knox, qui professait à la

Faculté d'Édimbourg. Peut-être M. Burke avait-il suivi des cours publics, quoique son imagination dût le faire incliner plutôt vers les goûts artistiques. Il est certain qu'il promit au docteur Knox de lui aider de son mieux. De son côté, le docteur Knox s'engagea à lui payer ses peines. Le tarif allait en décroissant depuis les corps de jeunes gens jusqu'aux corps de vieillards. Ceux-ci intéressaient médiocrement le docteur Knox. C'était aussi l'avis de M. Burke – car d'ordinaire ils avaient moins d'imagination. Le docteur Knox devint célèbre entre tous ses collègues pour sa science anatomique. MM. Burke et Hare profitèrent de la vie en dilettantes. Il convient sans doute de placer à cette époque la période classique de leur existence.

Car le génie tout-puissant de M. Burke l'entraîna bientôt hors des normes et règles d'une tragédie où il y avait toujours un récit et un confident. M. Burke évolua tout seul (il serait puéril d'invoquer l'influence de M. Hare) vers une espèce de romantisme. Le décor du galetas de M. Hare ne lui suffisant plus, il inventa le procédé nocturne dans le brouillard. Les nombreux imitateurs de M. Burke ont un peu terni l'originalité de sa manière. Mais voici la véritable tradition du maître.

La féconde imagination de M. Burke s'était lassée des récits éternellement semblables de l'expérience humaine. Jamais le résultat n'avait répondu à son attente. Il en vint à ne s'intéresser qu'à l'aspect réel, toujours varié pour lui, de la mort. Il localisa tout le drame dans le dénouement. La qualité des acteurs ne lui importa plus. Il s'en forma au hasard. L'accessoire unique du théâtre de M. Burke fut un masque de toile empli de poix. M. Burke sortait par les nuits de brume, tenant ce masque à la main. Il était accompagné de M. Hare. M. Burke attendait le premier passant, marchait devant lui, puis, se retournant, lui appliquait le masque de poix sur la figure, soudainement et solidement. Aussitôt MM. Burke et Hare s'emparaient, chacun d'un côté, des bras de l'acteur. Le masque de toile empli de poix présentait la simplification géniale d'étouffer à la fois les cris et l'haleine. De plus, il était tragique. Le brouillard estompait les gestes du rôle. Quelques acteurs semblaient mimer l'ivrogne. La scène terminée, MM. Burke et Hare prenaient un *cab*, déséquipaient le personnage ; M. Hare surveillait les costumes, et M. Burke montait un cadavre frais et propre chez le docteur Knox.

C'est ici, qu'en désaccord avec la plupart des biographes, je laisserai MM. Burke et Hare au milieu de leur auréole de gloire. Pourquoi détruire un si bel effet d'art en les menant languissamment jusqu'au bout de leur carrière, en révélant leurs défaillances et leurs déceptions ? Il ne faut point les voir ailleurs que leur masque à la main, errant par les nuits de brouillard. Car la fin de leur vie fut vulgaire et semblable à tant d'autres. Il paraît que l'un d'eux fut pendu et que le docteur Knox dut quitter la Faculté d'Édimbourg. M. Burke n'a pas laissé d'autres œuvres.